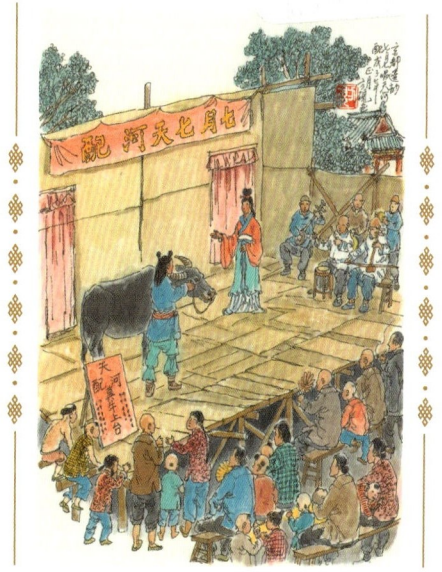

七月七唱《天河配》

孫夫人

龍鳳配

劉備

北平歲時徵

李家瑞 —— 編
童 軼 —— 標點

北京出版集團公司
北京出版社

图书在版编目（CIP）数据

北平岁时征 / 李家瑞编；童轶标点 . — 北京：北京出版社，2018.8

（北京古籍丛书）

ISBN 978-7-200-13455-1

Ⅰ. ①北… Ⅱ. ①李… ②童… Ⅲ. ①风俗习惯—北京 Ⅳ. ① K892.41

中国版本图书馆 CIP 数据核字（2017）第 266321 号

出版策划：安　东　杨良志
责任编辑：乔天一
责任印制：宋　超　陈冬梅
封面设计：贾　昕

北平岁时征
BEIPING SUISHI ZHENG

李家瑞　编
童　轶　标点

出　　版：	北京出版集团公司
	北京出版社
地　　址：	北京北三环中路 6 号
邮政编码：	100120
网　　址：	www.bph.com.cn
发　　行：	北京出版集团公司
印　　刷：	北京京华虎彩印刷有限公司
经　　销：	新华书店
开　　本：	889 毫米 ×1194 毫米　1/32
印　　张：	10.375
字　　数：	168 千字
版　　次：	2018 年 8 月第 1 版
印　　次：	2018 年 8 月第 1 次印刷
书　　号：	ISBN 978-7-200-13455-1
定　　价：	58.00 元

质量监督电话：010-58572393
如有印装质量问题，由本社负责调换

前　言

"北京岁时"系列三册，是"北京古籍丛书"的新品种，也是我们的新尝试。

"北京古籍丛书"是一部很有历史的丛书。1958年，北京出版社开始整理与北京有关的史地文献；1960年，出版了丛书的第一部：《长安客话》。屈指一算，至今已将一甲子了。在这些年里，北京出版社、北京古籍出版社的诸位前辈通过不懈努力，为广大读者奉献了八十多种与北京有关的古籍文献，涉及历史地理、典章制度、掌故轶闻、名胜古迹、诗词杂咏、人物传略、物产风俗等诸多领域。凡研究北京、喜欢北京的读者，可以说，没有不读"北京古籍丛书"的。

然而，出于为学术研究提供史料的考虑，"北京古籍丛书"的绝大多数品种是用繁体竖排形式出版的。对于大众读者来说，读起来未免有些不便。如果把这套丛书中趣味性较强的那些品种用简体横排的形式出版，是否能够为喜爱历史、喜爱北京的读者提供一些帮助呢？于是，就有了这个"北京岁时"系列。

"北京岁时"系列，共包括《燕京岁时记（外六种）》《北平岁时志》《北平岁时征》三种。之所以选了"岁时"这个题材打头阵，是因为北京的岁时文化太丰富、太悠久，也太有趣了。我们呈献给您的这三本书，写作时间从明代到民国，著作方式有自著也有编纂，但贯穿其中的一个不变的精神，就是向读者诸君介绍老北京人如何过日子，以及与之相伴而来的衣食住行、游戏娱乐、生活宜忌，诸如此类。

在这里，我们还需要小小纠正一个误解。说起"岁时文化"，很多读者第一时间就会联想到"欢欢喜喜过大年"，或者元宵节、端午节、中秋节等传统节日上去。当然，过年过节是传统岁时文化的一个重要组成部分，但北京岁时文化的范畴与内涵，要远比过年过节丰富得多。您翻开这三本书中的任意一本，都会发现：哎呀，北京人把那些非年非节的日子，居然也过得这么有滋有味！

有人说，北京人讲究多。其实，这种"讲究"，不外乎是想把日子过得更好，于是在有限的条件下，想着办法给自己找乐儿，今天吃这个，明天穿那个，花费不大，图的是个高兴。现在日子好了，无需过年过节也能

前　言

吃好穿好，这种"吃尽想绝"的劲头也就不那么足了。然而，回顾一下以前北京人的生活方式，以及他们想尽办法把日子过出滋味来的那种精神，还是很有意义的。

"北京岁时"系列将要出版，编辑部全体同仁借此戋戋短幅，恭祝各位读者年年顺心、岁岁如意！

目 录

全 年

全　年..002

正 月

正月全月..006

正月茶果..012

迎春..012

立春..013

打春卖黄历..014

咬春..014

初春满井..015

新年太平鼓..016

新年爆竹..017

新年禁忌..018

岁首团拜..019

正月初卖金鱼..019

元旦拜年..020

一日散饭丸	024
元旦东岳庙	025
元旦绕塔	028
元旦天灯	029
元旦进花	029
元旦闹蛾儿	030
元旦斗花牌	031
元旦接女儿	031
元旦琉璃厂	031
元旦鼓乐	038
元旦禁屠	039
元旦曹公观	039
元旦贴封条	039
元旦贴春联	040
元旦开戏	040
元旦红枣粥	040
元旦素包子	040
初一食品	041
元旦赏赐	041
初一觉生寺	041
初一接神	042
元旦蜜供	042
元旦闭市	043

目 录

元旦年菜..................................044

元旦走喜神方..................................044

初二借元宝..................................044

初二祭财神..................................046

破五去年饭..................................047

初五曰破五..................................047

初七曰人日..................................047

初八放生..................................048

初八祭星..................................048

十一日九曲灯..................................050

十三日散灯..................................050

十四日摸瞎鱼..................................051

望前后迎紫姑..................................051

上元前夕游..................................052

元夕张灯..................................053

上元灯市..................................060

元夕夜摸钉..................................066

上元立春..................................067

元宵烟火..................................067

上元灯谜..................................068

元宵巡城..................................068

上元火判..................................069

上元闹元宵..................................069

上元调将..................................069

上元食元宵..................................069

元宵放假..................................070

十五夜催灯梆..................................070

灯节青楼..................................071

十六日放偷..................................071

十六日结羊肠..................................072

十六夜走桥..................................073

十六夜歌舞..................................076

十八日开市..................................076

十九日白云观..................................076

十九以后开印..................................083

二十三打鬼..................................083

二十五填仓..................................086

二　月

二月全月..................................090

二月游南城..................................090

二月菠薐..................................091

二月进香涿州..................................091

二月淘沟..................................091

春分祭祠..................................093

二月初王瓜..................................094

二月初献生子	094
初一太阳糕	094
初二卢师山	095
初二龙抬头	096
初二薰虫	097
初八太子生辰	098
十五游皇城	098
十五花朝	099
十九观音生辰	100
下旬鸡鸭	100
二三月间胜游	100

三 月

三月全月	102
三月食龙须菜	104
三月撒泥钱	104
三月斋僧	104
三月黄花鱼	105
三月开沟	106
寒食祓禊	106
清明风作	107
清明秋千	107
清明射柳	107

清明高粱桥...108

清明戴柳...110

清明扫墓...111

清明新茶...113

清明城隍庙...113

三月初卖藕...115

上巳迎祥...116

三日修禊...116

三日射兔...116

初三蟠桃宫...116

初三栽壶卢...118

初四换衣...119

初旬食榆荚...119

十八戏子会...119

二十前后换帽...119

二十八祭岳庙...120

四 月

四月全月...124

四月食青蒿...126

四月榆钱糕...126

四月花事...127

四月樱桃...127

四月牡丹	128
四月玫瑰芍药	128
四月凉炒面	129
四月北顶	129
立夏卖冰	129
初一西顶	131
初一妙峰山	132
初一丫髻山	140
八日食不落夹	141
八日赶秋波	141
八日浴佛会	141
八日耍戒坛	142
八日结缘豆	142
八日放生	143
八日善会	144
十八弘仁桥	147
二十二城隍出巡	149
二十八药王庙	149
四五月交卖茉莉	149

五 月

五月全月	152
五月鲥鱼	153

五月蔬果	153
五月窑台	154
五月清玩	154
五月玉米	154
五月染指甲	154
夏至朝节	155
初一城隍庙庙市	155
初一预汲	159
初一南顶	159
初一城隍出巡	162
初一换衣	162
重五射柳	162
五日艾衣	163
端午击球	164
端午穿蒲鞋	164
端午游金鱼池	164
五日走解	166
重午游天坛	166
五日女儿节	167
端阳捕虾蟆	171
端午颁赐	171
端阳悬符	172
五日雄黄酒	173

五日端午索..................................174

端午供佛..................................174

端午插蒲艾..................................174

端阳涂雄黄..................................175

端阳彩壶卢..................................175

端午应时戏..................................175

十一都城隍诞..................................176

十一关帝庙开庙..................................176

十三关帝庙进刀..................................176

十三磨刀雨..................................177

下旬甜瓜..................................177

二十三分龙兵..................................177

六 月

六月全月..................................180

六月市物..................................181

六月莲实..................................181

六月卖冰..................................181

六月西瓜..................................182

六月老鸡头..................................183

六月什刹海..................................183

六月扫晴娘..................................184

暑月牧骆驼..................................185

初伏洗象	185
初伏葛衣	189
伏日暑汤	189
伏日赐冰	189
三伏苦热	190
初一中顶庙市	190
六日洗马	190
六日晒书	191
六日晒衣	192
二十三祭马王	193
二十四祭关帝	194
二十五祭虫王	194
夏秋间养嘓嘓	194
六七月间卖蟹	195

七 月

七月全月	198
七月斗促织	200
七月艾火绳	201
七月食品	202
七月露宿	202
立秋戴楸叶	202
立秋不饮生水	202

立秋贴秋膘..203

七夕五生盆..203

七夕乞巧...203

七夕拜银河..205

七夕供牛郎..205

七夕花瓜...205

中旬卖菱芡..205

十三迎节...206

十五祭麻谷..206

中元盂兰会..206

十五放河灯..207

十五荷叶灯..209

十五祀先...209

十五莲花灯..209

中元祭坟...211

中元烧法船..211

中元城隍庙祀孤...211

中元钓鱼台..211

下旬卖枣葡萄..212

七八月间金钟儿...212

八　月

八月全月...214

八月爆栗..214

初三灶君会..215

八日瘗白犬..216

八日秋社..216

十三四卖果子..216

中秋看月会..217

中秋月宫符..217

中秋兔儿爷..218

十五月饼..219

十五祭月..220

中秋搪账..223

中秋送节礼..223

九 月

九月全月..226

九月菊花..226

九月食迎霜兔..227

霜降验冰..227

初七埋白牛..228

九日打围..228

九日花糕..228

九日真觉寺..229

九日登高..........................229

重阳闹染坊......................232

重阳赛马..........................232

重阳酒果..........................233

重九蒸蟹..........................233

十五财神庙......................233

晦夕验风..........................233

秋末冬菜..........................234

十 月

十月全月..........................244

十月掷贝石......................244

十月射猎..........................245

十月玩虫..........................245

十月食品..........................246

十月玩瓜..........................247

十月禽鸟..........................247

十月儿童玩物..................248

十月蹴球..........................248

立冬食荞面......................249

一日靴生日......................249

朔日上冢..........................249

初一颁历..........................249

一日送寒衣...250

朔日赐衣袄...252

一日城隍出巡...252

朔日生火...252

十五下元节...253

十五合操...253

十一月

十一月全月...256

冬月糊窗...257

冬月昭君套...257

冬月施衣粥...258

冬月打滑挞...258

冬月糕...258

冬月糖...258

冬月领貂褂银...259

冬至拜贺...259

冬至候日刺绣...259

冬至九九图...260

冬至南人祀先...261

冬至食馄饨...261

冬至打冰...262

冬至玩具...262

目 录

初一开炉节 262

初一翻裰子 262

十五月当头 263

十二月

十二月全月 266

腊月火花 270

十二月踢球 272

十二月击羯鼓 272

十二月赏狍鹿 272

十二月藏冰 272

八日腊八粥 273

腊八蒜 276

十五卖年货 276

十六以后脱灾 278

十九以后封印 279

十九以后封台 279

十九以后放学 280

下旬射草狗 280

二十三祀灶 281

二十四送灶神 284

二十四以后设灯 284

二十五接玉皇 285

除夕前宫门挂对 285

小除别岁 285

岁除锻磨斋 286

三十守岁 286

除夕烀岁 287

岁杪放纸鸢 287

除夕写春联 288

除夕压岁钱 289

除夕瓢儿卜 290

除夕讨账 290

岁暮打莽式 291

除夕踩岁 291

除夕先熟果 292

除夕接神 292

除夕天地桌 294

除夕辞岁 294

除夕挂千 295

除夕藏香 295

除夕红票儿 296

除夕摇钱树 296

除夕年饭 296

征引书目 297

全 年

全 年

北人打围，一岁间各有处所：正月钓鱼海上，于水底钓大鱼，二月、三月放鹘号海东青打雁，四月、五月打麋鹿，六月、七月于凉淀坐夏，八月、九月打虎豹之类，自此至于岁终，如南人趁时耕种也。（《使辽录》）

岁除，檐楹插芝麻秸，院中焚柏木柴，名曰"爆岁"。元旦起，掷门闩于地者三，曰"跌金钱"。以小榼盛驴肉，食之，曰"嚼鬼"。立春日，无贵贱食萝卜，曰"咬春"。二月二日，用黍面枣糕，以油熬之，曰"薰虫"。三月食鲊，曰"桃花鲊"。四月八日，进不落夹，用苇叶方包糯米，长可四寸，阔一寸，味与粽同。六月六日，食银苗菜，即藕苗也。九月食迎霜兔。腊月八日，赐餐百果粥。（《芜史》）

京师正月朔日后，游白塔寺，望西苑，旃坛寺看跳喇嘛，打莽式，打秋千。元宵节，前门灯市，琉璃厂灯市，正阳门摸钉，五龙亭看烟火，唱央歌，跳鲍老，买粉团。十六夜，女子出游，谓之"走百病"。烧金鳌玉蝀石狮牙，以疗牙疾。十九日，集丘长春庙，谓之"燕九"。廿五日，谓之"添仓日"，大小之家，俱治具饱食。二三月，高梁桥踏青，万柳堂听莺，弄箜篌，涿州庙进香，迎驾。四月，西山看李花，海棠院看海棠，丰台看芍药，煮豆子结缘，送春，赛会。五月，游金鱼池，中顶进香，药王庙进香。六月，宣武门看洗象，西湖赏荷。七月中元夜，街市放焰口，点蒿子香，燃荷叶灯。八月，中秋夜踏月，买兔儿王。九月，登高，花儿市访菊，城墙下观八旗操演，妇女簪挂金灯，九日归宁。十月，上坟烧纸，弄叫由子。十一月，跳神。十二月，卖像生花供佛，打太平鼓。（《京师偶记》）

至于节令，如人日、二月二日、三月三日、寒食、八月一日，今亦不复为节。而今人中秋，唐人亦无之也。（《天咫偶闻》）

正 月

正月全月

元旦，贵戚家悬神荼、郁垒。民间插芝梗、柏叶于户。小儿女剪乌金纸作蝴蝶戴之，名曰"闹嚷嚷"。初八、九日，陈设灯市，至十八而罢。人家用粉糁寒具馈送，遍市鬻之，五花帚为号。宴席间尚王瓜、豆荚，一瓜之值三金，豆一金。点茶用椿芽、蒲笋，发之冰下。牡丹、芍药、蔷薇俱有花，较春时薄小，一瓶值数千钱。贵戚倡家插茉莉花。官里放灯假五日，夜行不禁。（《北京岁华记》）

正月初一日正旦节。自年前腊月廿四日祭灶之后，宫眷内臣即穿葫芦景补子及蟒衣。各家皆蒸点心、储肉，将为一二十日之费。三十日，岁暮，即互相拜祝，名曰"辞旧岁"也。大饮大嚼，鼓乐喧阗，为庆贺焉。门旁植桃符板、将军炭，贴门神。室内悬挂福神、鬼判、钟馗等画。床上悬挂金银八宝、西番经轮，或编结黄钱如龙。檐楹插芝麻秸，院中焚柏枝柴，名曰"熰岁"。正月初一，五更起，焚香，放纸炮，将门闩或木杠于院地上抛掷三度，名曰"跌千金"。饮椒柏酒，吃水点心，即扁食也，或暗包银钱一二于内，得之者以卜一年之吉。是日亦互相拜祝，名曰"贺新年"也。所食之物，如曰"百事大吉盒儿"者，柿饼、荔枝、圆眼、栗子、熟枣共装盛之。又驴头肉，亦以小盒盛之，名曰"嚼鬼"，以俗称驴为鬼也。立春之前一日，顺天府于东直门外迎春，凡勋戚、内臣、达官、武士，赴春场跑马，以较优劣。至次日立春之时，无贵贱皆嚼萝卜，曰"咬春"。互相请宴，吃春饼和菜。以绵塞耳，取其聪也。自岁暮正旦，咸头戴闹蛾，乃乌金纸裁成，画颜色装就者，亦有用草虫蝴蝶者，或簪于首，以应节景。仍有真正小葫芦如豌豆大者，名曰"草里金"，二枚可值二三十两不等，皆贵尚焉。初七日人日，吃春饼和菜。自初九日之夜，即有耍灯市买灯，吃元宵，其制法用糯米细面，内用核桃仁、白糖为果馅，洒水滚成，如核桃大，即江南所称汤团者。十五日曰上元，亦曰元宵，内臣宫眷皆穿灯景补子蟒衣。灯市至十六更盛，天下繁华，咸萃于此。勋戚内眷登楼玩看，了不畏人。（《酌中志》）

正月元旦，百官入朝庆贺，民间亦焚香礼天地，祀祖考，拜尊长及姻友，投刺互答，曰"拜年"。放爆竹，点天灯，簪彩胜。立春前一日，迎春于东郊。

次晨鞭土牛，遵古送寒气之意也。具小芒神、土牛，官生异献，曰"进春"。八日至十七日，商贾于市集灯花百货、珠石罗绮、古今异物，贵贱杂沓贸易，曰"灯市"。元宵前后，赏灯夜饮，金吾禁弛。民间击太平鼓、跳百索，妇女结伴游行过津梁，曰"走百病"。以诗词隐语粘于屋壁，曰"商灯谜"。夜以小盏点灯，遍散井灶门户，曰"散灯"。十九集白云观，弹射走马，曰"耍燕九"。二十五日大啖饼饵，曰"填仓"。（《康熙大兴县志》）

八日至十六日，商贾于市集灯花百货、珠石罗绮、古今异物，贵贱杂沓贸易，曰"灯市"。旧在东华门外灯市街，今散置正阳门外及花儿市、菜市、琉璃厂店诸处，惟猪市口南为盛。元宵前后夜，金吾禁弛，赏灯夜饮，火树银花，星桥铁锁，殆古之遗风云。民间击太平鼓、跳百索、耍月明和尚，男妇率于是夕结伴游行，亲邻相过从，至城门下摸钉儿，过津梁，曰"走桥儿"，又曰"走百病"。数日中，有以诗词隐语粘于屋壁，令人破其谜，曰"商灯"。至夜，各家以小盏点灯，遍散井灶门户砧石，曰"散灯"。十九集白云观，弹射走马，曰"耍燕九"。二十五日大啖饼饵，曰"填仓"。（《康熙宛平县志》）

《燕台新月令·正月》云："是月也，厂店开，瓜子解闷，喇嘛打鬼，秧歌闹于市，自鸣乐奏，闯将入夜化为妓，烟九访仙，和菜填仓，冰始伐。"（《水曹清暇录》）

正月初一日，子刻后祀神，谓之"接神"，遍至戚友家拜于堂，谓之"拜年"。初二日，祀财神。初三日，旃坛寺打鬼。初五日，名"破五"。以前五日，禁妇女往来。初六日归宁，琉璃厂开市。初八日，夜以油灯百八盏祀星。十三日，试灯，黄寺打鬼。自初一至十五日，游大钟寺。十九日，游白云观。二十日，雍和宫打鬼。（《天咫偶闻》）

北平俗曲《十二景》云："正月里家家庆贺新年，元宵佳节把灯观。月正圆，庵观寺院，抖了抖衣裳，花盒子处处瞅，炮竹阵阵喧，惹的人大街小巷都游串，夜半归回转家园，弹唱又歌舞，掷骰子又摇摊，天呀儿哟！会神仙逛一行白云观。"（《百本张钞本牌子曲》）

京师各庙，辄有市集，百货充盈，游人纷沓，俗谓之"逛庙"。逛，游也。逛庙有定期，京师广宁门外财神庙，庙貌巍焕，报赛最盛。每岁正月初二日（九月十七日亦然），倾城往祀，商贾、妓女尤夥。庙祝更神其说，谓借神前纸锭怀归，俟得财当十倍以酬神，故皆趋之若鹜也。初三日看旃坛寺打鬼。自初一日至十五日游大钟寺。十九日游白云观，观，元之长春宫也，为城外巨刹，花木甚多。俗称正月十九为"燕九"，亦称"阉九"，又称"会神仙"。前数日游人已多，而阉人夥，以元代丘长春乃自宫者也。二十看雍和宫打鬼。（《清稗类钞》）

北平俗尚，谓元旦为"大年初一"，居民于子初后，焚香接神，供水饺，放鞭爆，通宵达旦，市巷皆然。事毕，饮椒柏酒，食水饺，饺中暗藏以制钱，以卜顺利，家人得食者则终岁大吉，并备干鲜果品、肴馔杂拌以助酒，谓之"食团圆饭"，并食年糕（糯米面为之），取年年高升之意，佛前亦供之。饭毕，先至东岳庙拈香，归而祀祖，供品用水饺，祀毕焚纸锞，阖家互拜。卑幼拜尊长，则与之钱，名曰"压岁钱"。家礼毕，乃出贺戚友，亲者登堂，疏者投刺，途中相遇，则互以作揖请安为礼，更以"新禧""发财""顺当""一顺百顺""吉祥如意"等语相祝。街市则车水马龙，极呈太平景象。家家肴馔大率为素，皆于除夕做成，盖俗以是日禁刀剪裁割、扫除倾水等事故也。二日晨，居民商肆，均祭财神，焚香放炮，供以雄鸡、鲤鱼、猪头、羊肉等品。同时燃酒杯中酒尽，持财神马（神马者，即纸绘之神像也）置于庭中之松柏枝、芝麻秸上，与黄钱、阡张、元宝等并焚之。亦有赴财神庙焚香借元宝者，谓借之则财旺，次年加倍还之。初五日谓之"破五"，破五之内，不得以生米为炊，妇女自元旦至是日不出门，虽同院合居亦然，谓之"忌门"。初六日始贺戚友，新嫁女子亦于是日归宁，最忌损坏什物，及煎烤食品。初七日谓之"人日"，盖俗以是日天气清明者，则人生繁衍。初八日黄昏后祭星神，以棉纸拈成花形，蘸以油，共一百零八盏，焚香祀之，谓之"顺星"。十三日至十六日，由堂奥以至大门，燃灯而照之，谓之"散灯花"，又曰"散小人"，亦避除不祥之意也。是月如遇立春，妇女多买萝卜而食之，曰"咬春"，谓可以解春困也。富家食春饼，备酱熏及炉烧、盐腌各肉，并各色炒菜，如菠菜、韭菜、豆芽菜、干粉、鸡蛋等，而以面粉烙薄饼卷而食之，故又名薄饼。自十三以至十七，均谓之"灯节"，十五日谓之"正灯节"，商店庙宇多悬花灯，上绘古人故事及山水花卉等图，或以冰冻成山石、人物、楼阁、瓜果等，燃灯于中空处，曰"冰灯"。又有以麦苗和棉絮扎成人物鱼龙，上置灯烛者，曰"麦灯"，华而不侈，朴而不俗，殊可观也。近年商肆多以彩色电灯缀成种种物事，以炫耀人之耳目，亦广招徕之一道也。此五日中，每薄暮，游人杂沓，谓之"逛灯"。十五日为元宵正节，居民咸以元宵供佛，并燃放烟火，以庆佳节。十九为筵九，西便门外白云观走马博赛，游人最盛，间有留宿观中者，曰"会神仙"。谚以是夕有神仙下降，度化凡人，迷信者冀得一遇也。二十五日，粮商米贩致祭仓神，居民不尽致祭，然亦均烹调盛馔，以劳家人，谓"大填仓"，乃别于二十三日之"小填仓"也。是月也，居民商肆，多以掷骰打牌为戏，儿童以风筝、口琴、琉璃喇叭、空筝为应时之玩物。商肆率于元旦闭户，初六始开，谓之"开市"。清晨燃放鞭爆，恭祀关公，亦有迟至元宵节始开市者。盖因终岁勤劳，藉此佳节而实行休息之意也。此半月以内，非贺年游玩，即于肆中敲锣击鼓以为乐。填仓后，居民有所谓"送供尖"者，即以供佛前供品相馈送，如蜜供、月饼等是也。（《民社北平指南》）

正月茶果

"吃的香，嚼的脆，茶果。"注云："卖一正月。"（《一岁货声》）

迎春

故事，先春一日，大京兆迎春，旗帜前导，次田家乐，次勾芒神亭，次春牛台，次正佐、耆老、学师儒、府上下衙皆骑，丞尹舆，官皆衣朱簪花迎春，自场入于府。是日，塑小春牛、芒神，以京兆生异入朝，进皇上春，进中宫春，进皇子春。毕，百官朝服贺。立春候，府县官吏具公服，礼勾芒，各以彩仗鞭牛者三，劝耕也。退，各以彩仗赠贻所知。（《帝京景物略》）

钱谦益《立春》诗有云："迎春春在凤城头，簇仗衣冠进土牛。铺展烟光来紫陌，追随笑语到红楼。"（《初学集》）

立春

辽俗，立春，妇人进春书，刻青缯为帜，象龙御之，或为蟾蜍，书帜曰"宜春"。（《辽史·礼志》）

王百谷《长安立春》诗："城上高楼五凤凰，春云春日转年芳。镂金作胜家家帖，剪彩为花树树妆。太液池中波早绿，昭阳殿里柳先黄。陇梅消息无人寄，断尽江南思妇肠。"（《燕游吟》）

立春之仪，前一日，顺天府尹往西直门外一里，地名春场，迎春牛、芒神入府署中，搭芦棚二，东西各南向，东设芒神，西设春牛，形象彩色皆按干支，准令男女纵观；至立春时，官吏皂役鼓乐送回春场，以顺大道。众役打焚，故谓之"打春"。（《京都风俗志》）

打春即立春，在正月者居多。立春先一日，顺天府官员至东直门外一里春场迎春。立春日，礼部呈进春山宝座，顺天府呈进春牛图。礼毕回署，引春牛而击之，曰"打春"。是日，富家多食春饼，妇女等多买萝卜而食之，曰"咬春"，谓可以却春困也。（《燕京岁时记》）

打春卖黄历

"牛儿芒儿，过年的小黄历。"注云："春牛图，一文钱两张，自十月间卖，年外打春间必卖。"（《一岁货声·元旦》）

咬春

立春日啖春饼，谓之"咬春"。立春后出游，谓之"讨春"。（《陈检讨集》）

立春后竞食生萝卜，名曰"咬春"，半夜中，街

市犹有卖者，高呼曰："赛过脆梨。"（《城北集》诗注）

立春日，都人多买萝卜生食之，谓之"咬春"，又作春饼。（《燕京杂记》）

叶观国《咬春》诗："暖律潜催腊底春，登筵生菜记芳辰。灵根劚土含冰脆，细缕堆盘切玉匀。佐酒暗香生匕筴，加餐清响动牙唇。帝城节物乡园味，取次关心白发新。"（《上书房消寒诗录》）

彭蕴章《幽州土风吟·咬春词》云："萝卜辛，名咬春，此是古人菜根意，可愧一食万钱人。食万钱，恣游戏，笙歌丛里朝朝醉。不到山村水边寺，九十韶光睡梦中，春人谁识春滋味？"（《松风阁诗钞》）

立春食紫萝卜，名"咬春"。（《燕都杂咏》注）

初春满井

京师渴处，得水便欢。安定门外五里，有满井，初春士女云集。予与吴友张度往观之，一亭函井，其规五尺，四洼而中满，故名。满之貌，泉突突起，如珠贯贯然，如蟹眼睁睁然，又如鱼沫吐吐然。藤蓊草翳资其湿。游人自中贵外贵以下，巾者帽者，担者负者，席草而坐者，引颈勾肩、履相错者，语言嘈杂。卖饮食者，邀诃"好火烧，好酒，好大饭，好果子"。贵有贵供，贱有贱鬻。势者近，弱者远，霍家奴驱逐态甚焰。有父子对酌，夫妇劝酬者；有高髻云鬟，觅鞋寻珥者；又有醉詈泼怒，生事祸人，而厥夭陪乞者。传闻昔年有妇即此坐蓐，各老妪解襦以帷者，万目睃睃，一握为笑。而予所目击，则有软不压驴，厥夭扶掖而去者；又有脚子抽登复堕，仰天露丑者；更有喇唬恣横，强取人衣物，或狎人妻女；又有从旁不平，斗殴血流，折伤至死者，一国惑狂。予与张友买酌苇盖之下，看尽把戏乃还。（《文饭小品》）

新年太平鼓

查慎行《凤城新年词》："茧纸轻敲作鼓声，衔环络索铁铮铮。踏歌连臂同儿戏，何限年光付送迎。"（《敬业堂诗集》）

皇八子咏《太平鼓》诗："六街击鼓散春声，茧纸团圞熨贴平。不比花腔传乐府，只须信手打愁城。饧箫远近来相和，竹马前头韵自迎。腊后大酺刚十日，果然雨点落轻轻。"

钱载《咏太平鼓》诗："鞔得围棬茧纸轻，左持右击伴童婴。喧如答腊高低节，响彻胡同内外城。白索戏连仍习俗，唐花催遍应升平。那知灯市今年盛，燕九前头不住声。"（《上书房消寒诗录》）

内外城皆尚击太平鼓，盖以铁条作腔，糊茧纸，用箸击之，缀铁连钱，随击随摇，铮铮有声，新岁尤甚，在处闻冬冬。（《水曹清暇录》）

彭蕴章《幽州土风吟·太平鼓》云："太平鼓，声冬冬，白光如轮舞索童。一童舞索一童唱，一童跳入光轮中。广场骈集四方客，曼衍鱼龙闹元夕。姹女弄竿竿百尺，惊鸿宛转凌风翼。今夜金吾铁锁开，铜街踏月人不归。"（《松风阁诗钞》）

年鼓者，铁为圈，木为柄，柄系铁环，圈冒以皮，击之冬冬然，名"太平鼓"。京师腊月有之，儿童之所乐也。（《清稗类钞》）

新年爆竹

京师人烟稠密，甲于天下。富家竞购千竿爆竹，

付之一炬；贫乏家即谋食维艰，索逋孔亟，亦必爆响数声，香焚一炷，除旧年之琐琐，卜来岁之蒸蒸，此习尚类然也。（《壶天录》）

新年禁忌

北平的确是神秘的，在旧历的新年，更有许多婆婆妈妈的事情，就是近于迷信的禁忌。初八日要喝腊八粥，不喝将来会穷得连粥都没有喝的。廿三日是灶王升天的日子，供些黏性的糖瓜，把灶王的嘴粘住，省得说家里的坏话。供完就将灶王像焚化，放鞭炮，给他送行，这些事不许女人做的。除夕以前，须把用剩的浆糊扔掉，男子要洗澡整容，女子也要修饰。除夕这天，有许多贫苦的小孩，到你家门口"送财神"，几个铜元可以买进一张财神像。除夕子夜，送祖宗，接财神，要焚化黄钱纸锭，叫做"发神纸"，是不许女人动手的。在未焚纸锭以前，要放五个二踢子（双响），一挂鞭，最后放三个二踢子。元旦拂晓，迎财神，向财神方行百余步。这一天不许花钱，说是花了钱一世会受穷。早餐吃饺子，包饺子的时候，把一个小制钱包在饺子里面，谁要吃着，将来就有福气。元旦日妇女不许出门拜年，俗语叫做"忌门"。孩子不许哭，不许说不吉利的话。初一要是打碎家具，便是破产的预兆。

无论有甚么病，不许接医生。初一到初四，不可动刀（主凶杀）、针（主长针眼）、剪（主口舌），及扫地（主扫穷）。这四天之内，只吃早蒸好的馒头和年菜。初五以后，铺户开张，要放鞭炮，谓之"崩鬼祟"。开张之后，第一位主顾是男子，便认为兴盛的预兆；如是女人，便认为冲了财神，一年会不顺利的。（《大公报》）

岁首团拜

京师于岁首例行团拜，以联年谊，以敦乡情，诚善举也。每岁由值年书红订客，饮食宴会，作竟日欢。是日，盛聚梨园，若辈应召，谓之堂会。色伎俱优者，每点至多出，获缠头无算，遇所识，或于例赏外别有所赠。（《侧帽余谭》）

都中春初，同乡同年会宴最多。（《梨园佳话》）

正月初卖金鱼

"大小的金鱼儿来。"注云："矮廓鱼挑，贮水，盖覆，正月初间便卖，取'吉庆有鱼'意。"（《一岁货声》）

元旦拜年

欧阳原功《渔家傲》词："正月都城寒料峭，除非上苑春光到。元旦班行相见了，朝回早，阙前褫帕欢相抱。　汉女姝娥金搭脑，国人姬侍金貂帽。绣毂雕鞍来往闹，闲驰骤，拜年直过烧灯后。"（《圭斋集》）

京师风俗，每正旦，主人皆出贺，惟置白纸簿并笔砚于几，贺客至，书其名，无迎送者。（《寓圃杂记》）

京师元旦后，上自朝官，下至庶人，往来交错道路者连日，谓之"拜年"。然士庶人各拜其亲友，多出实心；朝官往来，则多泛爱不专。如东西长安街，朝官居住最多，至此者不问识与不识，望门投刺，有不下马或不至其门，令人送名帖者，遇黠仆应门，则皆却而不纳，或有闭门不纳者。在京仕者，有每旦朝退，即结伴而往，至入更酣醉而还，三四日后，始暇拜其父母。不知此何风俗，亦不知始于何年间，天顺间尚未如此之滥也。（《菽园杂记》）

正月元旦，五鼓时，不卧而嚏，嚏则急起，或不及衣，曰卧嚏者病也。不卧而语言，或户外呼，则不应，

曰呼者鬼也。夙兴盥漱,啖黍糕,曰年年糕。家长少毕拜,姻友投笺互拜,曰拜年也。(《帝京景物略》)

王崇简《王正谱俗竹枝词》:"昨宵酒醒半朦胧,未烬天灯高影红。忙趁鸡鸣妆饰了,先来堂上拜姑翁。"

又:"疏妆丽影暂矜奇,怯好心多处处疑。未语迎人先半笑,新年惟道百般宜。"(《青箱堂诗集》)

正月元旦,民皆盛服焚香,礼天地,拜祖考、尊长、姻友,投刺互拜,曰"拜年"。比户竿标灯楼,揭以松柏枝,夜燃之,曰"天灯"。(《舆地记》)

正月元旦,五鼓时百官入朝,行庆贺礼,民间亦盛服焚香礼天地,祀祖考,拜尊长及姻友,投刺互答,曰"拜年"。比户放爆竹,彻昼夜,竿标灯楼,揭以松柏枝,夜燃之,曰"点天灯"。市井男女,以鬓穿乌金纸,画彩为闹蛾儿,簪之。立春前一日,迎春于东郊春场,鼓吹旗帜前导,次田家乐,次勾芒神亭,次春牛台,引以耆老师儒、县正佐官,而两京兆列仪从其后。次晨鞭土牛,遵古送寒气之意也。是日五鼓,具数小芒神、土牛,官生舁献大内诸宫,曰"进春"。(《康熙宛平县志》)

元旦祀神及先祖，剪纸不断，至丈余，供于祖前，谓之"阡张"，焚之。正月初旬，拜者踵门，疾呼"接帖"。投一名刺，匆匆驰去，多不面晤主人，司阍者记其姓名于册，多有不识者，倘无司阍者，客到嫌于启门，贴一纸囊于门外，外写"请留尊柬"四字，拜者投刺于中即去。（《燕京杂记》）

北平俗曲《新年到来》云："新年到来，诸事安排，见家家贴着门神挂钱对子，插着芝麻秸，爆张纸儿放的满地白，新年新衣添新气，只见满街上闹闹烘烘拉拉扯扯把年拜：'发万金罢，太爷！''不敢太爷！''好说太爷！''岂敢太爷！''太爷新春大喜，就大发财！'"（《霓裳续谱》）

京中士大夫贺正，皆于初一元旦，例不亲往，以空车任载一代身，遣仆用梅笺裁为小帖，约二三寸，写单款，小注寓邸款下，各门遍投之，谓之"片子"。吏部郎韩开云，余同年友也，善谑戏，作《京月令》，其正月元旦云："是日也，片子飞，空车四出。"闻者绝倒。（《通俗编》）

京师元旦贺岁，奔忙可笑，然礼设已久，台垣虽门

贴"概不贺节"公约，而不能止也。（《藤阴杂记》）

尤西堂云："吴俗拜年，无论识与不识，望门投帖，宾主不相见，登簿而已，答拜者亦如之，一月中奔走如织，是何礼也？甚或有帖到而身不到者，可一笑也。"按今此风京师亦盛，大抵庆吊二事，俱染吴俗耳。（《晒书堂笔录》）

《道光都门杂咏·名片》云："新正投刺古遗风，小楷端书样若穷。羡慕翰林名字大，也将红纸印来工。"（《道光都门纪略》）

又《元旦》云："元旦首祚启芳辰，律转星回斗建寅。名片往来新喜贺，香车宝马惹风尘。"（《道光都门纪略·节令》）

又《拜年》云："家家名柬贺新年，门簿书来住址全。惟有谏垣常谢客，免教拜谒费车钱。"（《道光都门纪略·风俗》）

新岁拜节，各省皆同，而都门酬应更繁。（《吾庐笔谈》）

京都正月初一日子时后，家家长幼先诣神佛前焚香叩拜，谓之"接神"。次设奠于先人祠堂，礼毕，家长登堂，众人依序相率拜贺，老幼互作庆祝语，妇女设酒菜不托，家中长幼咸聚饭相庆，亦有食素不御荤酒者。自接神后，凡刀剪箕帚之类，皆忌用，不吉之言，不善之事，口皆不道，而粪土污水俱不轻弃，或以为不祥耗财之义。亦有如常而不戒忌者。黎明，人易新服以待宾客，市中铺肆，无论大小，皆陆续接神，施放鞭爆，联络之声，至昼不断。或有贫者，俟爆竹声毕，向铺高声作喜庆之歌，词韵可听，得钱数百始去，其铺肆即闭门，罢市五日。士商往来拜谒，或登门投刺，谓之"拜年"，近日此礼亦懈，往往多遣人代拜，而不亲往。自此少年游冶，演习歌吹，儿童鸣锣击鼓，踢球舞棒，以及竹马风筝，不论昼夜，随意所之。（《京都风俗志》）

一日散饭丸

辽俗，每年正月一日，以糯米炊饭，用白羊髓和丸，如拳大，行宫寝帐内，各散四十九丸。（《燕北杂记》）

元旦东岳庙

都城齐化门外故有岳庙一区，建不知所始，入国朝，载在祀典。每岁当春秋，祠官以时礼祭，而都人士相率以祈祷驱祓请者，神往往若有孚答。（《松石斋文集》）

正月元旦，烧香东岳庙，赛放炮杖，纸且寸。东之琉璃厂店，西之白塔寺，卖琉璃瓶，盛朱鱼，转侧其影，小大俄忽。别有衔而嘘吸者，大声哱哱，小声唪唪，曰"倒掖气"。（《帝京景物略》）

《东岳庙竹枝词》九首："大家三五喜同游，服饰清华迥不侔。忘却须眉名士派，行行一例逗风流。"

"品蓝葵绿任情穿，的是多情美少年。只未蛾眉同淡扫，却随闺阁斗婵娟。"

"东方作镇秉元圭，崇礼仪文古与稽。为有掸尘诸会友，仰游福利拜齐天。"

"焚香以后遨游久，卓午相逢宝殿中。极少年郎潇洒甚，面前认作炳灵公。"

"阿姨相约喜晴朝，岳庙闲游知不遥。弱女当前缠足小，俏鬟妆饰更娆娇。"

"烧香少女咏如云，衣带何嫌兰麝薰。为有东风吹习习，相依侥幸挹清芬。"

"檀郎病愈谢慈悲，满把香花许散司。阿稚如花阿绣雅，翩翩绝世好丰姿。"

"绣衣花貌斗新妆，步步轻盈许拜香。上殿为酬仁圣帝，人生谁谓小毛嫱。"

"少年少妇貌轻盈，紫绛焚香秉至诚。暨有娟妍如黛玉，岂无韶秀比神瑛。"（《望三益斋诗稿》）

《东岳庙》诗云："七十五司信有无，朝阳门外万人趋。也知善恶终须报，不怕官刑愧鬼诛。"（《都门赘语》）

东岳庙有七十二司，司各有神主之。相传速报司之神为岳武穆，最著灵异，凡负屈含冤、心迹不明者，率于此处设誓盟心，其报最速。阶前有秦桧跪像，见者莫不唾之，已不辨面目矣。后阁有梓潼帝君，亦著灵异，科举之年，祈祷相属。神座右有铜骡一匹，颇能愈人疾病：病耳者则摩其耳，病目者则拭其目，病足者则抚其足。（《燕京岁时记》）

北平的东岳庙是平市有名大庙之一，尤其算得是最古的一座庙。据闻这个东岳庙，还是在宋末年间修建的。最后一次重修，也远在废清嘉庆年间。这个庙每逢

正　月

废历初一、十五两日都开放山门，任人去烧香，不过在春节间，一连开放十五日，不但烧香人多，去逛的人也不少。记者昨日抽了一点闲空，到东岳庙去了一趟。这东岳庙在朝阳门外半里许，面南坐北。庙的前面，有一座很伟大的玻璃烧料大照壁墙，很雄壮美观的。庙的门前，有两根很大的旗杆，高立空中，很为人注目。大门首用黄纸写了"由此门入""由此门出"几个指路条子。大约是怕赴庙人多乱挤的缘故。其实记者昨日去的时候，连烧香和逛庙的人，共总还不到二十人，真是冷落异常。庙的东西两廊下，修建了七十二司，什么"速报司""福寿司"等司，每个司里，塑了许多奇怪的泥人。有的长须及胸，像有福有寿的样子；有的穷凶极恶，生的极难看的样子；并且还有身首异处，手里提着自己的脑袋，还有身体锯成两半，种种惨状的。七十二司中，如"福寿司"等司前，都悬了许多善男信女还愿的匾额。但那些"速报司"等司前，一块匾额也无。偏殿子孙娘娘殿中有两匹雄马。一匹马是瓷身，一匹马是铜身，据俗神话：若是缺乏后嗣人，到这里烧香许愿，是非常灵，可以得子的，尤其是这殿上的那一匹铜马，在他头上摸一把，在他腹下摸一把，求子得子，那是更灵不过的，所以常常有一般迷信妇女，在殿中没有人的时候，就在那铜马身上偷偷地摸上几把，因此那铜马身上有几处，被人摸得光亮，简直可以鉴人。记者到这殿中，注意看了那马一番，果然和传说一样，可是那匹瓷马，灰尘遍体，真有相形见绌之慨。庙里的东偏门，靠着东边墙上，挂着一把硕大无朋的木质大算盘，那算盘共有二十九格，算盘子共有二百另三个。来逛庙的人，知道这庙古迹的，总要对这庙来个仰首礼。这庙西廊里当中，还夹了一个百子娘娘殿，木塑泥雕的小男娃娃，手里抱的，肩上驮的，袋里装的，一个个都是肥白可爱，煞是好看。离这庙数武地，还有一个小庙，这庙的后进，修了十八层地狱，奇形怪状的泥雕的人，那就更多，什么上刀山、下油锅、铜柱烙人、割舌头的，都在这个十八层地狱里，尤其是投生那轮回殿中，泥塑了一个老妇人，身旁摆了一锅"迷魂汤"，那老妇拿着一把勺子，装着要舀汤，情形很是逼真。到东岳庙来逛一趟，一个总感想，不过是参观了一回"迷信图"罢了。（《大华晚报》）

元旦绕塔

元旦至三日，男女于白塔寺绕塔。（《帝京景物略》）

元旦天灯

元旦至晦日,家家竿标楼阁,松柏枝荫之,夜灯之,曰"天灯"。是月也,女妇闲,手五丸,且掷且拾且承,曰"抓子儿"。丸用象木银砾为之,竞以轻捷。(《帝京景物略》)

元旦进花

草桥惟冬花支尽三季之种,抔土窖藏之,蕴火坑晅之。十月中旬,牡丹已进御矣,元旦进椿芽、黄瓜。所费一花几半万钱,一芽、一瓜几半千钱。(《帝京景物略》)

施闰章《都下岁首见盆桃作花》诗有云:"层冰暮皑皑,燕市繁花开。辇入列侯第,欢倾上客杯。花时尤未至,火力竞相催。拍手笑春风,待汝奚为哉!人巧凌节序,熏炙移根荄。芳菲岂不早,咄嗟随雕摧。"(《愚山先生诗集》)

京师灯市已有牡丹。(《松泉诗》注)

今京师花肆,争先献早,秋天开梅花,冬天开牡

丹，春天开栀子，郁气熏蒸，早荣先悴，利其速售，不顾根伤，名为花之催妆，实乃花之受厄也。（《晒书堂笔录》）

花匠于暖窖中，正月灯节烘出瓜茄等菜，叶上各有草虫，巧夺天工矣。（《燕都杂咏》注）

今京师唐花有牡丹，岁籥将新，取以进御，士大夫或取饰庭中，及相馈送，有不惜费中人之产者。（《光绪顺天府志》）

凡卖花者，谓熏治之花为唐花。每至新年，互相馈赠。牡丹呈艳，金橘垂红，满座芬芳，温香扑鼻。三春艳冶，尽在一堂，故又谓之为堂花也。（《燕京岁时记》）

元旦闹蛾儿

元旦日，小民以鬃穿乌金纸，画彩为闹蛾，簪之。（《帝京景物略》）

燕地上元节用乌金纸剪成飞蛾，以猪鬃尖分披，片纸贴之，或五或七，下缚一处，以针作柄，妇女戴之，

名曰"闹蛾儿",此古之遗俗也。(《琐谭》)

今京师凡孟春之月,儿女多剪采为花,或草虫之类插首,曰"闹嚷嚷"。(《余氏辨林》)

查慎行《凤城新年词》:"巧裁幡胜试新罗,画彩描金作闹蛾。从此剪刀闲一月,闺中针线岁前多。"(《敬业堂诗集》)

元旦斗花牌

王崇简《王正谱俗竹枝词》:"西邻东舍任相还,为斗花牌输几钱。向晚归来重整鬓,看人门内笑扶肩。"(《青箱堂诗集》)

元旦接女儿

又:"薄将脂粉试春辉,花胜斜敲半阖扉。听听人声多带笑,东家接得女郎归。"(《青箱堂诗集》)

元旦琉璃厂

龚鼎孳《初春琉璃厂灯市肇开观者甚盛》诗:"天

宝传遗事，华灯帝阙东。即今多锦榭，依旧领春风。箫鼓千官暇，楼台百戏中。小侯金弹子，斜百落雕弓。"（《定山堂诗集》）

新年朝元会罢，士大夫联裾接襼，以纵游观，至收灯而止，谓之"光厂"。百戏之属，则有演书、跳鞭、料虎、驯熊、幻技、乔妆，穷变尽巧。（《有正味斋日记》）

琉璃厂在正阳门西，盖造内用琉璃瓦窑也，厂门楼名瞻云阁，厂内有官署，厂外余地颇广，树木茂密，有石桥，度桥而西，土阜高数十仞，足供登眺，街长里许，百货毕集，玩器书肆尤多。元旦至十六日，游者极盛，奇景异观，车马辐凑。（《水曹清暇录》）

"琉璃厂甸（正月五日至元宵节，十日庙场）又新开，异宝奇珍到处排。妇女摩肩车塞路，都言看象早回来。（每逢得辛过象之日，车马尤多，故云尔。）"（《京都竹枝词·游览》）

琉璃厂，正月游人杂沓，名曰"逛厂"。（《藤阴杂记》）

方朔《厂肆》诗："都门当岁首，街衢多寂静，惟有琉璃厂外二里长，终朝车马时驰骋。厂东门，秦碑汉帖如云屯；厂西门，书籍笺素家家新。桥上杂技无不有，可嫌不见何戏惟喧声。抟土人物饰绣服，剪彩花卉安泥盆。纸鸢能作美人与甲士，儿童之马皆为灯。一沟两岸香车满，舆人拥处惟余喘。未解来意亦何为，油壁珠帘跌至晚。寸土尺地皆黄金，火神庙前摊如星。顺道斜入山门去，美哉士夫宜此行。左右不外书画耳，妙能雅俗兼古今。赵子固兰颇有致，米友仁山或存形，松雪行楷间亦是，衡山华亭尤多书以缯。最可笑者徽宗鹰，宣和玉玺朱描成，并跋百轴兹最神。此间虽曾栖道君，作房未必常心清，纵或心清斯岂真？诸城相国固近人，冷金笺字多伪成。俗手只云摹贺捷，不知枯中含腴尽如书种之精神。后院团团多宝玩，品骘五陵年少惯。羡他豪士剧风流，携回汉镜兼唐剑。书生逐队亦何欢，除夕修钱剩百千，笑谈偶挈鸡林使，买得江南未见编。"（《金台游学草》）

《厂甸》诗："新开厂甸值新春，玩好图书百货陈。裘马翩翩贵公子，往来都是读书人。"（《同治都门纪略》）

《厂甸》云："琉璃厂甸起新正，玩景烧香认不明。回首沟西车并列,纷纷男女斗春情。"

又《火神庙》云:"火神庙起值新春,玩好图书百货陈。裘马翩翩贵公子,往来多是读书人。"(《都门杂咏》)

《逛琉璃厂》诗云:"新春相约踏琉璃,古玩琳琅列整齐。但是玉人心爱物,解囊那计值高低。"(《宣南杂俎》)

《厂甸》诗云:"拜罢新正事更忙,纸花风里斗韶光。京都市庙知多少,热闹开春第一场。"(《都门赘语》)

京师书摊,今设琉璃厂火神庙,谓之"庙市"。考康熙朝诸公,皆称慈仁寺买书,且长年有书摊,不似今之庙市,仅新春半月也。(《郎潜纪闻》)

《琉璃厂》诗:"琉璃厂久四驰名,若遇春闱货倍精。字画名人书旧板,观来各自请公评。"(《朝市丛载·古迹》)

《厂甸正月竹枝词》:"学生放学放风筝,观是神威不著名。哦咤蜈蚣声不响,厂桥今日换蒲棚。"

又："火神庙接吕祖祠，购买新书归去迟。价比坊中平日贵，两人笑向说便宜。"

又："仙境蓬莱琉璃坊，六壬相法说荒唐。殷殷犹问明年运，两鬓新沾昨夜霜。"

又："香墨春联福禄林，沙蛇一道臭沟深。樗蒲骰子探怀中，袖手高呼买口琴。"

又："杂沓游人裙屐同，阳和烟景凤城中。更寻西北城边路，观上仍名曹老公。"

又："雪晴满路是泥塘，车畔呼儿走不忙。三尺动摇风欲折，葫芦一串蘸冰糖。"

又："狗熊傀儡互喧阗，汗粉淋漓跑汉船。抖起空竹入云表，千人仰面站沟沿。"

又："真赝图书辨目工，清风明月一钱同。宜知鼠璞无昂值，笑指留系考相公。"

又："蓝布长衫两腿盘，三河小妇跨车辕。金钱抛出珠帘揭，竹马泥孩摆一摊。"

又："花盆鞋底样翻新，扁担长弯入座人。到耳一声'糖豌豆'，蔗霜五色杂瓜仁。"（《朝市丛载》）

正阳门外琉璃厂，西直门内曹公观等处，俱于是月陈设杂伎，锣鼓聒耳，士女车马蜂拥蚁聚，阗塞街市。（《京都风俗志》）

琉璃厂诸肆，为朝士退直之所，与诸书贾讲求时代板椠，若孤本精本，虽一二卷，价有至数十金者，且争购之，或赏鉴书画，辨别古器、碑版、泉刀，亦成一种之学舍。（《都门怀旧记》）

厂甸在正阳门外二里许，古曰海王村，即今工部之琉璃厂也。街长二里许，廛肆林立，南北皆同。所售之物，以古玩、字画、纸张、书帖为正宗，乃文人鉴赏之所也。惟至正月，自初一日起，列市半月，儿童玩好在厂甸，红货在火神庙，珠宝晶莹，鼎彝罗列，豪富之辈日事搜求，冀得异宝。（《燕京岁时记》）

自国初罢灯市，而岁朝之游，改集于厂甸。其地在琉璃厂之中，窑厂大门外，百货竞陈，香车楙比。自初二日至十六日，凡半月，午前游人已集，而勾阑中人辄于此炫客，必竟日始归；荡子辈络绎车前，至夹毂问君家，亦所弗禁。门东有吕祖祠，烧香者尤众。晚归，必于车畔插相生纸蝶，以及串鼓，或连至二三十枚，或以山查穿为糖壶卢，亦数十，以为游帜。明日往，又如之。（《天咫偶闻》）

厂甸，昔之海王村，今工部之琉璃厂也。廛市林立，以古玩、字画、纸张、书帖为正宗。自初一列市半

月，童玩在厂甸，红货在火神庙。(《春明采风志》)

今京师之琉璃厂，乃前明官窑制琉璃瓦之地，基址尚存，在元为海王村，清初尚不繁盛，至乾隆间始成市肆。凡骨董、书籍、字画、碑帖、南纸各肆，皆麇集于是，几无他物焉。上至公卿，下至士子，莫不以此地为雅游，而消遣岁月。加以每逢乡会试，放榜之前一日，又于此卖红录，应试者欲先睹为快，倍形拥挤。至每年正月初六起，至十六日止，谓之开厂甸。合九城之地摊，皆聚厂之隙地。而东头之火神庙，则珍宝、书画、骨董陈列如山阜。工公贵人，命妇娇娃，车马阗塞，无插足地，十日乃止。此厂肆主人，皆工应对，讲酬酢，甚者读书考据，以便与名人往还者，不知凡几，不似外省肆佣之语言无味、面目可憎也。(《清代野记》)

琉璃厂厂甸，每岁正月自元旦至元宵，例有会市，一岁之中，仅此数日，故游人之繁，远胜各处庙会，而剪绺之流益夥。(《东华琐录》)

京师琉璃厂为古董、书帖、书画荟萃之地，至乾隆时而始繁盛，书肆最多，悉在厂之东西门内，终岁启扉，间亦有古董、书画之店，而每岁之正月六日至十六日，则隙地皆有冷摊，古董、书画，就地陈列，四方人

士之精鉴赏者，至都辄问津于厂焉。（《清稗类钞》）

岁朝之游，向集厂甸，相沿二百余年，久而未替，晚近厂肆商人于其地改建海王村公园，而厂甸遂废矣。地在琉璃厂中。窑厂大门之外，百货竞陈，香车阗咽，自岁朝迄上元，历时半月，每当辰巳之交，游人已集，勾栏姊妹，辄薰沐靓妆，至此招摇，少年好事，又多追随香车，甚至夹毂调笑，亦所不禁。东有吕祖祠，香火极盛，佞佛者群焉趋之。迨兴阑游倦，买步偕返，则必购相生纸花，及大串糖葫芦，插于车旁，疾驶过市，途人见之，咸知为厂甸游归也。（《京华春梦录》）

元旦鼓乐

俄国义兹柏阿朗特义迭思记北平新年云："本国正月初七日，为中国元旦，此节约过三礼拜之久，从夜半新月初生时候，陡闻皇城内钟鼓特起，接连各寺院鼓声不绝，沿街勿论官民士庶，斗放各种花炮，以示新年之意。各铺闭户，鼓乐敖曹，庵观僧道喇嘛各众，皆循其规矩击鼓吹号。从亥正起，直至次午，如两军对垒，各领十万之众，炮声震天不绝。白昼街市，多有执事人等，扛抬佛像，各处巡行。喇嘛则提炉、拈珠、伐鼓、击钹、吹号，络绎于道，游人如蚁。各铺三日内不开市，罪人停刑，浃旬之间，街市男女甚夥，妇人或骑驴、或乘车，车乃二轮，上作圆棚，前面为门，使女坐后，或吹或唱，人共见其主妇外坐吸烟也。"（《俄使臣晋京日记》）

元旦禁屠

元旦至五日，初无屠炙，初六日始有卖物者。（《燕京杂记》）

元旦曹公观

"曹公观（在西直大街，自元旦起十日庙场）起自新正，奇巧花灯认不明。堪笑儿童无见识，偏于此地要风筝（纸鸢之俗名）。"（《京都竹枝词·游览》）

曹老公观在西直门外路北，每至正月，自初一日起，开庙半月，游人亦多，惟殿宇坍塌，墙垣不整，古法零落，殊无可观。（《燕京岁时记》）

元旦贴封条

《道光都门杂咏·回避》云："门前回避贴重重，同考官条十字封。房主不教元旦揭，纸残犹带墨痕

浓。"(《道光都门纪略》)

元旦贴春联

京师人家,元旦门首俱贴春联。(《锄经书舍零墨》)

元旦开戏

京都戏馆,俱于元旦开市。是日,各部梨园扮玄坛登场,呈金书"开市大吉"四字为贺,各馆咸以先至为荣。除夕子夜,即张灯火以待。(《虫鸣漫录》)

元旦红枣粥

"糙米粥。"注云:"自元旦粥中带红枣儿,破五撤,每碗必盛一二枚。光绪中兴,卖甜浆粥者群讼胜,后始带卖烘饼、油炸果,端午添凉粥。"(《一岁货声》)

元旦素包子

"香蕈蘑菇馅的素包子……"注云:"挑两套细长笼屉。咸同年间,一叟长卖通年,自元旦开张,一文钱

两个。"(《一岁货声》)

初一食品

"蜂糕来哎,爱窝窝。"注云:"清真回教,挎长方盘,敲小木梆,必于初一日开张。红白蜂糕,枣窝窝,糖窝窝,白糖、芝麻、澄沙三样,爱窝窝,江米黏糕。"(《一岁货声》)

元旦赏赐

每至元旦,凡内廷行走之王公大臣,以及御前侍卫等,均赏八宝荷包,悬于胸前,部院大臣不预此例。(《燕京岁时记》)

初一觉生寺

大钟寺本觉生寺,以大钟得名,盖岁时求雨处也。每至正月,自初一日起,开庙十日。十日之内,游人坌集,士女如云,长安少年多驰骤车马以为乐,超尘逐电,劳瘁不辞。一骑之费,有贵至数百金者,岂犹有金台市骏之遗风欤?(《燕京岁时记》)

初一接神

京师谓元旦为大年初一。每届初一,于子初后焚香接神,燃爆竹以致敬,连霄达巷,络绎不休。接神之后,自王公以及百官,均应入朝朝贺。朝贺以毕,走谒亲友,谓之道新喜。亲者登堂,疏者投刺而已。貂裘蟒服,道路纷驰,真有"车如流水,马如游龙"之盛,诚太平之景象也。是日,无论贫富贵贱,皆以白面作角而食之,谓之煮饽饽,举国皆然,无不同也。富贵之家,暗以金银小锞及宝石等藏之饽饽中,以卜顺利。家人食得者,则终岁大吉。(《燕京岁时记》)

元旦蜜供

蜜供,用面切细方条,长寸许,以蜜煎之,每岁暮祀神敬祖,用充供果,亦有相馈送者。(《光绪顺天府志》)

正月元日至五日,俗名"破五",旧例食水饺子五日,北方名"煮饽饽",今则或食三日、二日,或间日一食,然无不食者,自巨室至闾阎皆遍,待客亦如之。十五日食汤团,俗名"元宵",则有食与否。又有蜜供,则专以祀神,以油面作荚,砌作浮图式,中空

玲珑，高二三尺，五具为一堂，元日神前必用之。果实蔬菜等，亦叠作浮图式，以五为列，此人家所同也。(《天咫偶闻》)

新年祀神，例用面果合糖制成之供品，曰"蜜供"，其形如塔，为每户人家所必需。其价亦昂，故凡制卖蜜供者，每岁春季，照预约券法，收订购者之资，分月摊收，至岁底而款齐，而蜜供交购者持去，盖较一次购买者为贱也。(《旧都文物略》)

元旦闭市

旧俗元旦至上元，各店例闭户半月，小肆亦闭五日，此五日中，人家无从市物，故必于岁底烹饪，足此五日之用，谓之"年菜"。近年各肆多不如前，初二日即交易，或初一日即然，谓之"连市"。然不开门，买者叩户而入。盖此半月中，贾人或拜年，或出游，肆中人少在者，故尔。(《天咫偶闻》)

元旦，虽极繁盛之街衢，皆闭门息业，惟见有妇女进香于寺庙，游行于通衢而已，午后，则茶馆戏园，游人甚多。(《清稗类钞》)

元旦年菜

元日至上元，商肆例闭户半月，或五日，此五日中，人家无从市物，故必于岁杪烹饪，足此五日之用，谓之年菜。（《清稗类钞》）

元旦走喜神方

院中有俗，元旦黎明，携帕友走喜神方，谓遇得喜神，则能致一岁康宁，而能遇见白无常者，向其乞得寸物，归必财源大辟。（《京华春梦录》）

初二借元宝

彰仪门外有神祠三楹，俗呼"五哥庙"，塑五神列坐，皆擐甲持兵，即南方之五通神也。好事者高其闬闳，廓其廊宇，以纸作金银锭，大小数百枚，堆累几上，求富者斋戒沐浴，备牲醴而往，计其所求之数，而怀纸锭以归，谓之"借"。数月后，复洁牲醴，更制纸锭，倍前所借之数，纳诸庙中，谓之"还"。或还或借，趾错于途，由来久矣。（《春明丛说》）

《都门杂咏·纸元宝》云："一生贫乏命难回，元宝如何借得来？可笑世人穷不起，偏于五显去求财。"注云："时尚在五显财神庙借元宝供奉，发财加倍酬

谢，多效。"（《道光都门纪略》）

《都门杂咏·五显财神庙》云："灵应财神五弟兄，绿林豪杰旧传名。焚香都是财迷客，六部先生必更诚。"（《同治都门纪略》）

广宁门外财神庙报赛最盛，正月二日，九月十七日，倾城往祀，商贾及勾阑尤夥，庙貌巍焕，甲于京师。庙祝更神其说，借神前纸锭怀归，俟得财则十倍酬神，故信从者益多，而庙祝之利甚溥。（《天咫偶闻》）

天宁寺之南有财神庙，庙址倪陋，而香火綦盛，人心好利，趋者蚁集。每值朔望翊日，长耳公衔接于途，背驮娟娟者，则皆勾栏院盈盈姊妹花也。龟鸨博利心奢，亦多策蹇而往。以元旦越晨，最称盛况。庙内西偏，小室片楹，即财神所在。相传神最灵异，有求必应，神座下粲累然，皆纸质银锭，苟能背人窃得一枚或数枚者，归必财源大辟，陶朱殷富，不难立致，额手自庆，若真可信。特须于次届完愿，什倍相赵，倘渝此盟，神必不佑。以故北里艳妹，多腼腆施其妙手，间得数枚，归置箱篓，静待灵显，而卒不验，芳心自讼，不疑神之相欺，徒责己之欠诚，一再辗转，终不稍悟。输

却纸箔，欲博银锭，天下事岂真有如此便宜者，祗见负负徒呼耳。（《京华春梦录》）

新年之二日，则于广宁门外五显庙祈财，争烧头一炷香。倾城男妇，均于半夜，候城趋出，借元宝而归。元宝为纸制，每出若干钱，则向庙中易元宝一二对，不曰"买"而曰"借"，归则供之龛中，更饰以各色纸制之彩胜，盖取一年之吉兆也。（《旧都文物略》）

初二祭财神

"嗳！活鲤鱼呀。"注云："初二日祭财神，多纸糊鱼目，生祭毕，送河中。"（《一岁货声》）

正月初二日，人家市肆，咸祭财神，或食馄饨，谓之元宝。远近鞭爆之声，盛于除夕，以此可见祭财神之虔，即贪利之心胜也。（《京都风俗志》）

初二日，致祭财神，鞭炮甚夥，昼夜不休。（《燕京岁时记》）

北平俗曲《祭财神》云："新正初二，大祭财神，点上香蜡把酒斟，供上了公鸡、猪头、活鲤鱼，一家

老幼行礼毕,鞭炮一响惊天地。"(《百本张钞本岔曲》)

破五去年饭

年饭用金银米为之,上插松柏枝,缀以金钱、枣、栗、龙眼、香枝,破五之后,方始去之。(《燕京岁时记》)

初五曰破五

初五日谓之破五,破五之内不得以生米为炊,妇女不得出门。至初六日,则王妃贵主以及各宦室等冠帔往来,互相道贺。新嫁女子亦于是日归宁。春日融和,春泥滑漤,香车绣幰,塞巷填衢。而阛阓诸商亦渐次开张贸易矣。(《燕京岁时记》)

初七曰人日

初七日谓之人日,是日天气清明者,则人生繁衍。(《燕京岁时记》)

初八放生

正月八日，石灯庵放生，笼禽雀，盆鱼虾，筐螺蚌，罗堂前，僧作梵语数千相向，纵羽空飞，孳者落屋上，移时乃去。水之类，投皇城金水河中，网罟笱饵所希至。（《帝京景物略》）

初八祭星

正月八日，俗传诸星下界，京城内外，庵观寺院僧道，多揽檀越施主年庚，陈设祭品，为坛而禳，冀得香仪，亦有本家庭院，燃灯自祭，灯数以百零八为度，间亦用四十九盏，习以为常。（《水曹清暇录》）

"数灯支碗来。"注云："泥烧如酒盏大，高足，中可燃灯，初八日祭星、灯节用。"（《一岁货声》）

初六日开市，大半祭神如元旦仪。古之七日为人日，以占泰否，今于初八日祭本命星君，以糯米为面，裹糖果馅，谓之元宵为献，以其形肖星象也。自此亲友馈送，以元宵为新品，至残灯始止。（《京都风俗志》）

初八日，黄昏之后，以纸蘸油，燃灯一百零八盏，焚香而祀之，谓之"顺星"。十三日至十六日，由堂奥以至大门，燃灯而照之，谓之"散灯花"，又谓之"散小人"。亦辟除不祥之意也。(《燕京岁时记》)

顺星：初八日祭星，元宵上供，剪灯花纸拈成鸡爪样，蘸油置灯支碗中燃之，初供四十八盏，继与家下各人按值年之星盏数形式燃之，谓之"顺星"；然后再散置于门户、井灶各处，谓之"散灯花"，或谓之"散星"，辟除不祥之意。(《春明采风志》)

白云观在旧京西便门外左二里地的地方，八日俗为祭星之日，游人极盛。这天，以卜巫者流的生意为最佳，卦摊命馆，触目皆是，他们扮得僧非僧，道非道，故作种种奇怪模样，藉惑那些趋利避害之徒，无不市利三倍。我们常想，世上真有不少的人肯讨钱卖听那胡言呓语的训诫，而自以为得计，真觉得他们可怜可笑！观内有顺星殿，列有二十八宿和七星像，祭者向己命所属星宿虔诚叩礼，敬献香烛并油钱，能消害致福，确否待考，此种风气，至今未泯。晚上有祭星大典，在大殿香案上排列百零八盏灯，两边有二十八宿和七星星盏。方丈率领全体道士，衣法服，鸣鼓击钟，诵《玉枢经》，祈祷灾除福降，国泰民安，这种派头颇似前几年所闻的负有救国使命的时轮金刚法会，但不知是佛学道，还是道学佛？也许他辈都有这股劲儿！凡星灯以尽为度，不再添油加灯心，不知何故。此风民间多有学之者，不过仪式稍有差别耳。（《白云观庙市记》）

十一日九曲灯

十一日至十六日，乡村人缚秫秸作棚，周悬杂灯，地广二亩，门径曲黠，藏三四里，入者误不得径，即久迷不出，曰"黄河九曲灯"也。（《帝京景物略》）

《燕都杂咏》："铁树银花外，灯宵乐事多。隔篱人一笑，九曲转黄河。"注云："缚篓为篱数层，故迂其径，人入其中，迷不易出，名'九曲黄河灯'。"（见《都城琐记》）

十三日散灯

正月十三日，家以小盏一百八枚，夜灯之，遍散井灶、门户、砧石，曰"散灯"也。其聚如萤，散如星。富者灯四夕，贫者灯一夕止，又甚贫者无灯。（《帝京景物略》）

十四日摸瞎鱼

燕都灯市,十四日,群儿牵绳为圆城,空其中方丈。城中两儿轮以帕蒙目,一儿持木鱼,时敲一声,旋易其地以误之;蒙目者听声猜摸,以巧遇夺鱼为胜,则拳击执鱼者,出之城外,而代之执鱼,又轮一儿入摸之,名曰"摸瞎鱼"。至十六日,小儿群集市中为戏,首以一人为鬼,系绳其腰,群儿共牵之,相去丈余,轮次跃而前,急击一拳而去,名曰"打鬼"。若为系者所执,谓为被鬼执。哄然共笑,捉以代击者,名曰"替鬼"。又有以长緪丈许,两儿对牵,飞摆不定,令难凝视,若百索然,其实一索也。群儿乘其动时轮跳其上,以能过者为胜,否或为索所绊,听掌绳者以绳击之示罚,名曰"跳百索"。其夜妇女群游,祈免灾咎,前一人持香辟人,名曰"走百病"。凡有桥处,三五相率以过,谓之"度厄"。(《宛署杂记》)

望前后迎紫姑

望前后夜,妇女束草人,纸粉面,首帕衫裙,号称姑娘,两童女掖之,祀以马粪,打鼓,歌《马粪香》歌,三祝,神则跃跃,拜不已者,休,倒不起,乃咎也。男子冲而仆。(《帝京景物略》)

王崇简《王正谱俗竹枝词》:"迎得神姑深闭门,殷殷击鼓一声喧。含心暗欲前来卜,姊妹多猜难不言。"(《青箱堂诗集》)

查慎行《凤城新年词》:"添得楼中几日忙,簇新裙帕紫姑装。一年休咎凭伊卜,拍手齐歌《马粪香》。"(《敬业堂诗集》)

《燕都杂咏》:"敝帚挂红裳,齐歌《马粪香》。一年祝如愿,先拜紫姑忙。"注云:"正月闺中用帚插花穿裙,迎紫姑神于厕,以占休咎。"(《都城琐记》)

上元前夕游

王崇简《上元前夕》诗:"元宵旧俗欢仍在,燕市游人先夕催。一片风光乘月上,几重春色逐灯来。鼓声搔乱层城动,花影参差火树开。深夜漫劳思秉烛,兰膏处处照人回。"(《青箱堂诗集》)

元夕张灯

孟浩然《蓟门看灯》诗："异俗非乡俗，新年改故年。蓟门看火树，疑是烛龙然。"（《襄阳集》）

何景明《元夕怀都下之游》诗："忆昨长安元夕来，五侯弦管上楼台。已见炬如千树列，更看灯似百花开。"

又："龙岫层城接御沟，香车宝勒夜深游。花坊竞买千金带，绮陌皆悬五色球。"（《大复集》）

吕高《元夕》诗："三五成佳夕，长安乐未央。月华侵昼彩，火树艳春光。花覆天街上，星临阁道傍。大酺随地赏，广乐自天张。禁弛金吾肃，更分玉漏长。雕舆公子传，宝马少年行。衔烛移龙照，吹箫集凤翔。灯摇环佩影，风散绮罗香。地接宜春苑，人游不夜乡。太平真有象，歌舞颂时康。"（《江峰漫稿》）

刘士骥《元宵行》："长安城头明月吐，长安城里喧箫鼓。正是太平全盛时，共欣佳节逢三五。三五良宵春色浓，金吾不禁九关通。百枝飞焰青霄满，千炬摇光白日同。隐隐麝兰飘巷陌，微微丝管出房栊。尘生宝篝风才暖，泥染罗衣雪乍融。狭路肩摩人似蚁，交衢毂击马如龙。肩摩毂击争驰骤,一天烟雾沾双袖。梵宇鲸钟响未残,酒垆鸳盏香初透。此日嬉游卸玉鞍,此时谈话催银漏。谈笑嬉游乐事频,千门儿女闹芳辰。何处不歌落梅曲,何家不赛紫姑神?别有豪华五侯宅,锵玉铿金开绮席。绛蜡辉连十二栏,瑶尊香扑三千客。座上蒙茸集翠裘,灯前宛转涂黄额。宫移羽换调方新,斗转参横情正适。参横斗转露华零,闻道君王宴镐京。凤街双阙彤云丽,鳌架三山紫雾明。杂沓鱼龙争夜色,缤纷莺燕竞春声。金莲却向空中现,玉树翻从火里生。侍臣共效长年祝,圣主偏含公乐情。由来圣德如春育,省耕应使家家足。灯影花光几万重,不如一寸光明烛。"(《蟋蟀轩草》)

白胤谦《灯夕行》:"忆昔少年灯市东,观灯走马黄门同。王侯锦幄列云际,箫鼓竞噪鳌山红。岂知弹指二十载,世代变迁诸物改。泪眼遮灯不敢窥,六街风俗相沿在。雪霁月圆天破黑,华灯翠管俱不息。玲珑幻巧百色备,潦倒流连万端极。长安贵人子,兽锦垂貂缨。彩云照席花映肉,珠罂卜夜围倾城。善果好灯光正灼,佩声履迹争相错。谁家部卒驰怒马?马鞭着处千金落。老夫闻之泪交堕,万事盈虚饱经过。但愿灯光岁岁繁,雪深不禁袁安卧。"(《东谷集》)

王崇简《元夕》诗："宝髻金貂簇锦新，追欢士女拥香尘。笙歌几处楼台月，灯火千门帘幕春。往事已同昨夜梦，百年重见太平人。通宵不断天街鼓，剪烛传杯莫记巡。"（《青箱堂诗集》）

高珩《元宵》诗："绛纱灯隔玉河微，金凤瓠棱淡曙晖。大似初秋临水见，流萤巧作雁行飞。"（《栖云阁诗》）

王鸿绪《元夜》诗："今夜皇州月，春风第一场。金吾弛禁钥，绣阁出红妆。火树家家艳，莲灯处处光。那知宦游者，对景暗思乡。"（《横云山人集》）

施闰章《元夕》诗："燕台夜永鼓逢逢，蜡炬金樽烂熳红。列第侯王灯市里，九衢士女月明中。玉箫偏唱江南曲，火树能禁塞北风。惟有清光无远近，它乡故国此宵同。"

又《灯夕同诸公月下口号》诗："令节良宵草草过，天街灯少看人多。论文结伴浑无赖，占尽风流踏月歌。"

"联臂谁听玉漏催？前门红袖摸钉回。太平鼓静鳌山暗，锦勒香车不断来。"

"灯市常年灵祐宫，今年灯市散春风。圣朝罢却天

魔舞,烽火休教照夜红。"(《愚山先生诗集》)

冯溥《元夕》诗:"风和烟霭旧神州,紫陌笙歌敞画楼。珠络双鬟争堕马,貂褕叠幰尽牵牛。梅花曲度邀明月,杨柳春生袅御沟。火树星桥何处是?衣香履迹不知愁。"

又《元夜春词》:"满街箫鼓月华澄,堕马妆成只自矜。更得男儿遮护好,遍身香汗看珠灯。"(《佳山堂诗集》)

西苑张灯,自正月十四夜起,至十六夜止。(《人海记》)

赵吉士《帝京踏灯词》:"张灯不用锦为棚,花鸟鱼龙手自擎。引出画槌羊鼓队,唱歌消尽一更更。"

又:"南苑人人带醉回,太平园里歇歌台。红灯竞买琉璃小,更向厂东门内来。"(《万青阁自订诗》)

杨允长《都门元夕张灯记》:"京师灯市,始正月八日,至十三而盛,十七而罢,市规也,张灯亦如之。张灯之地,以正阳桥西廊房为最,巷有五圣祠,康熙癸卯,里人燃灯祀神,来拜观者如堵,因广衍为阛巷之灯,巷隘而冲,不容并轨车、旋辔马,仕商往来经之者，十率八九。向夕灯悬，远近游观，不下万人。施放烟火，鼓吹弦索，走桥，击唱秧鼓，妆耍大面具，舞龙灯诸戏，亦趁喧杂，蚁聚蜂屯，纷沓尤甚。巷多楼居，灯影上下参差，辉灿如昼。灯之类，流珠、料丝、画纱、五色明角、麦秸、通草、百花、鸟兽、虫鱼、水墨，及走马鳌山等，巧变殆尽。又巷俱业贸迁者，日则交易百货，夕即戏以所业，剪纸为灯，悬门楹记焉。更阑后，他巷陌游人散尽，独此烛影歌声，沉沉昧旦也。"（《康熙宛平县志》）

近年上元张灯，惟前门外各大店中，及西河沿绸缎铺、人参铺，打磨厂东西江米巷中，稍有可观，而大栅栏火宝塔，铁门之火判官，则每岁必设也。

上元乾清宫大宴，设鳌山灯，预于上年秋时，收养蟋蟀，明灯时置其中，宴毕乐止，唧唧虫声自灯中出。（《水曹清暇录》）

"火树银花绕禁城，太平锣鼓九衢行。今年又许开灯戏，贵戚传柑到四更。"（《京都竹枝词》）

"游人颇涌遍天街，元夜纱灯处处排。名戏已多殊取厌，一清二目画聊斋。"（《都门新竹枝词·游赏》）

《上元》云："金吾不禁往来频，春霭良宵气象新。银烛影中明月下，相逢俱是踏灯人。"（《都门杂咏·节令》）

正月十五日为上元节，祭神，以元宵为献，俗谓之"灯节"。三街六市，前后张灯五夜。其灯有大小、高矮、长短、方圆等式，有纱纸、琉璃、羊角、西洋之别，其绘人物，则《列国》《三国》《西游》《封神》《水浒》《志异》等图，花卉则兰、菊、梅、桂、萱、竹、牡丹，禽兽则鸾、凤、龙、虎以至马、牛、猫、犬与鱼、虾、虫、蚁等图，无不颜色鲜美，妙态传真，品目殊多，颇难枚举，而最奇巧者为冰灯，以冰琢成人物花鸟虫兽等像，冰以药固之，日久不消，雕刻玲珑，观者嘉赏。而豪家富室，演放花盒。先是市中搭芦棚于道侧，卖各色花盒爆竹，堆挂如山，形式名目，指不胜屈，其盒于晚间月下，火燃机发，则盒中人物、花鸟，坠落如挂，历历分明，移时始没，谓之一层，大盒有至数层者。其花则万朵零落，千灯四散，新奇妙制，殊难会意。近日亦有洋式制造者，尤变幻百出，穷极精巧，不可名状。又有好事者，于灯月之下，为藏头诗句，任人猜揣，谓之"灯谜"，俗曰"灯虎"。此五夜，凡通衢委巷，灯光星布珠悬，皎如白昼，喧阗彻旦，人家铺肆筵乐歌吹。市食则蜜食糖果、花生瓜子、诸品果蔬。王孙贵客，士女儿童，倾城出游，谓之"逛灯"，车马塞涂，几无寸隙。茶楼则低唱高歌，酒市则飞觞醉月，笙簧鼓乐，喝采狂呼，斯时，声音鼎沸，月色灯光，而人不觉为夜也。（《京都风俗志》）

《上元》诗："满城灯火耀街红，弦管笙歌到处同。真是升平良夜景，万家楼阁月明中。"（《朝市丛载·节令》）

自十三以至十七，均谓之灯节，惟十五日谓之正灯耳。每至灯节，内廷筵宴，放烟火，市肆张灯。而六街之灯，以东四牌楼及地安门为最盛，工部次之，兵部又次之，他处皆不及也。（兵部灯于光绪九年经阁文介禁止。）若东安门、新街口、西四牌楼，亦稍有可观。各色灯彩多以纱绢、玻璃及明角等为之，并绘画古今故事，以资玩赏。市人之巧者，又复结冰为器，栽麦苗为人物，华而不侈，朴而不俗，殊可观也。花炮棚子，制造各色烟火，竞巧争奇，有盒子、花盆、烟火杆子、线穿牡丹、水浇莲、金盘落月、葡萄架、旗火、二踢脚、飞天十响、五鬼闹判儿、八角子、炮打襄阳城、匣炮、天地灯等名目。富室豪门，争相购买，银花火树，光彩照人，车马喧阗，笙歌聒耳。自白昼以迄二鼓，烟尘渐稀，而人影在地，明月当天，士女儿童始相率喧笑而散。市卖食物，干鲜俱备，而以元宵为大宗，所以点缀节景耳。又有卖金鱼者，以琉璃瓶盛之，转侧其影，大小俄忽，实为他处所无也。（《燕京岁时记》）

明季，都门灯市甚盛，流寇乱后，此举乃罢，然流风所及，余韵未泯，终清之世，每届新正，十三上灯，十八落灯，民间犹以之点缀元宵节景也。鼎革以还，百事维新，前门一带商店，虽仍例行不废，而大率乞灵电机，非不眩奇斗巧，终嫌味同嚼蜡。今惟大栅栏之瑞蚨祥、廊房头条之谦祥益等，尚有绢灯数百盏，应时而悬，任人品评。其制作绝精，彩画又多出名人手笔，《西厢》《三国》《水浒》《红楼》之类，摹绘全书事实，栩栩如生，是真无愧为美术者欤。（《京华春梦录》）

上元灯市

灯市在东华门王府街东，崇文街西，亘二里许，南北两廛，凡珠玉宝器，以逮日用微物，无不悉具，衢中列市，棋置数行，相对俱高楼，楼设氍毹帘幕，为燕饮地，一楼每日赁值至有数百缗者，夜则燃灯于上，望如星衢。市自正月初八日起，至十八日始罢。鬻灯在市

西南。有冰灯，细剪百彩，浇水成之。(《燕都游览志》)

亢思谦《灯市行》有云："皇州自昔称佳丽，况复垂裳当盛世。富贵骄奢溢里间，考钟击鼓迎新岁。新岁融和春色妍，华灯争市上元前。珠宫璀璨临长陌，琼岛瑶光散市廛。万户千门悬未足，拂槛缘廊复相续。竞巧呈奇弗少休，迷心夺目纷成俗。遥望浑疑锦绮舒，侧身恍若彩霞居。红花灼灼高仍下，玉树森森密复疏。金羊鱼枕悬文盖，珠箔银球萦画带。闽海滇池新制奇，珊瑚宝玉殊汪濊。高楼歌舞逐芳时，接踵骈肩讵有涯。雕鞍朱毂争驰逐，绣履罗襦共逶迤。旭日初升已纷集，向晦营营犹未戢。金穴承恩善价沽，玉楼斗靡旁求急。须臾皎月上层城，悬向华灯宝炬晶。共欢节序夸奇丽，艳曲征歌送远声。"(《慎修堂集》)

王家屏《灯市》诗："帝京春色盛元宵，闾阎门东架彩桥。五凤楼台天切近，三阳时节冻全消。银槃菡萏香球结，玉碗芙蓉绛带飘。烂熳鳌山纷绮縠，玲珑珠树缀琼瑶。金莲巧拟宫中制，铜马新从海外雕。云敛画屏开翡翠，烟霏朱幌护鲛绡。霍张富贵飞鼗敞，窦灌豪华走马骄。万井歌钟腾笑语，九衢冠盖杂尘嚣。月当清夜光逾满，时直丰年乐更饶。柏酒剧于燕市饮，兰骨

岂独汉宫烧。圣皇有道民同乐,穷谷荒檐玉烛调。"(《复宿山房集》)

灯市虽无所不有,然其大端有二:纨素珠玉,多宜于妇人,一也;华丽妆饰,多宜于贵戚,二也。舍是则猥杂器用饮食,与假古铜器耳。余在燕都,四度灯市,日日游戏,欲觅一古书古画,竟不可得。(《五杂俎》)

燕城元日,以阡张供祖考之前,三日后撤而焚之。佛前则供以果面、阡张,至元宵后乃焚之。阡张凿纸为条,与冥纸同类。正月十日至十六日,结灯者各持所有,货于东安门外,名曰"灯市",价有至千金者。商贾辏集,技艺毕陈,冠盖相属,男妇交错,市楼赁价腾涌。十四日夜试灯,十五正灯,十六日罢灯。(《宛署杂记》)

谢泰宗《灯市竹枝词》云:"灯市千工百巧新,高台歌舞月留人。金轮踏水鱼龙戏,玉树飞华锦绣春。海上六鳌山可驾,云边双凤响天钩。雕鞍懒上思公子,翠钿铺金逐马尘。此日踏歌已先赏,斗宝王孙绣帘幌。上帝乐神息肉中,波斯何为后车往。毂击肩摩诸物骤,富者帑携贫亦就。千金不足一掷看,方见四海长安富。"(《天愚山人诗集》)

正 月

倪启祚《灯市篇》云："律转太簇春之序，北京十日灯市聚。五剧三条结队来，众口喧腾祝晴曙。廊市开廛腾税息，一椽一屋税者密。湖罗福绢花新样，宣城窑铸薰旧色。地摊棚卓廊两边，珠宝犀玉客鳞集。故衣断残叫卖苦，贵至无艺贱无值。万钱一楼半日夜，戚内侯伯相邀过。轿高于车快于马，仍以千金装马驼。金银钱豆无吝惜，追陪左右人肩摩。廷尉庭中豪客满，鞑官门下盗雄多。复有少年轻薄儿，秃袖窄袜随所之。等闲游戏无一事，前吻后哨如有期。东市东曲尘络绎，妖童冶女阑街立。儿童跃跃鼓太平，挝鼓喧阗无剩隙。俄见日出西山暮，不待月明争点烛。楼上楼下眼光亲，帘箔层层作幽曲。帘帘炬蜡曜几里，香烟出楼若霞绮。各家宅眷各家郎，互遮互看疏帘里。处处歌筵调部律，雕桐宝瑟和笙笛。队伍杂耍南北腔，东楼巧妙西无敌。檀香玉板鹍筋弦，女姹儿娇小可怜。教坊教得新杂剧，新厢特地团新年。花炮轰轰金叶丝，金菊葡萄满树梨。好事多方构奇制，高作浮屠灯百枝。此时见灯不见市，嘈嘈失听声音碎。狂客使酒呼酒频，醉奴狼藉当垆睡。得意元宵人几时？明月阴晴知未知？流品不分贯籍合，灯市元宵醉莫辞。"

北都灯市，起初八，至十三而盛，迄十七乃罢也。灯市者：朝迓夕，市；而夕迓朝，灯也。市在东华门东，亘二里。市之日，省直之商旅，夷蛮闽貊之珍异，三代八朝之骨董，五等四民之服用物，皆集。衢三行，市四列，所称九市开场，货随队分，人不得顾，车不能旋，阗城溢郭，旁流百廛也。市楼南北相向，朱扉，绣栋，素壁，绿绮疏。其设氍毹帘幕者，勋家、戚家、宦家、豪右家眷属也。向夕而灯张，（灯则烧珠，料丝则夹画、堆墨等，纱则五色明角及纸及麦秸，通草则百花、鸟兽、虫鱼及走马等。）乐作，（乐则鼓吹、杂耍、弦索，鼓吹则橘律阳、撼东山、海青、十番，杂耍则队舞、细舞、筒子、斤斗、蹬坛、蹬梯，弦索则套数、小曲、数落、打碟子，其器则胡拨四、土儿密失、义儿机等。）烟火施放。（烟火则以架以盒，架高丈，会层至五，其所藏械：寿带、葡萄架、珍珠帘、长明塔等。）于斯时也，丝竹肉声，不辨拍煞，光影五色，照人无妍媸，烟冒尘笼，月不得明，露不得下。永乐七年，令元宵节赐百官假十日。今市十日，赐百官假五日。内臣自秉笔篆近侍，朝臣自阁部正，外臣自计吏，不得通市，犹古罚缵幕盖帷意。其他例得与吏士军民等过市，楼而檐齐，衢而肩踵接也。市楼价高，岁则丰，民乐。楼一楹，日一夕，赁至数百缗者。童子捶鼓，傍夕向晓，曰"太平鼓"。二童子引索略地，如白光轮，一童子跳光中，曰"跳白索"。妇女相率宵行，以消疾病，曰"走百病"，又曰"走桥"。金、元时，

三日放偷，偷至，笑遣之，虽窃至妻女，不加罪，夷俗哉。（《帝京景物略》）

沙张白《灯市歌》有云："灵祐宫前落日黄，车驰马骤通都忙。灯市卖灯灯欲尽，八珍五彩交辉煌。大灯一架百夫舁，舆台呵卫喧箱坊。讵止中人十家产，好当僻县三年粮。"（《定峰乐府》）

灯市旧在内城东华门外，今移正阳门外灵祐宫傍。至期，结席舍，悬灯高下，听游人昼观，盖京师坊巷，元夕不放灯也。（《人海记》）

八日至十七日，商贾于市集花灯百货与古今异物，以相贸易，曰灯市，旧在东华门外，今散置正阳门外琉璃厂，而灵祐宫为盛，元宵前后，金吾禁弛。（《舆地记》）

灯市，在明代为极盛之地。《燕都游览志》所称"相对俱高楼，楼设氍毹帘幕，为燕饫地，夜则燃灯于上，望如星衢"者，今则无是。忆余髫年，尚见路南楼六楹，岿然无恙，今不可问矣。每上元五夕，西马市之东，东四牌楼下，有灯棚数架，又各店肆高悬五色灯球，如珠琲，如霞标，或间以各色纱灯，由灯市以东至四牌楼以北，相衔不断。每初月乍升，街尘不起，士女云集，童稚欢呼，店肆铙鼓之声，如雷如霆，好事者燃"水绕莲""一丈菊"各火花于路，观者如云，九轨之衢，竟夕不能举步，香车宝马，参错其间，愈无出路而愈进不已，盖举国若狂者数日，亦不亚明代灯市也。此外地安门、东安门外，约略相同，六部皆有灯，惟工部最盛：头门之内，灯彩四环，空其壁，以灯填之，假其廊，以灯幻之，且灯其门，灯其室，灯其陈设之物，是通一院皆为灯也，此皆吏胥匠役辈为之，游人阗咽，城内外士女毕集，限为之穿。近日物力销耗，渐不如前，灯景游尘，均为减色矣。（《天咫偶闻》）

元夕夜摸钉

京师元夕，游人火树，沿路竞发，而妇女多集玄武门抹金铺。俚俗以为抹则却病产子。（《长安客话》）

《帝京春》诗："璧月初圆夜，金吾彻禁宵。鲸吞兰炬转，莺借玉笙调。游伎皆珠佩，王孙尽紫貂。天门鱼钥迥，联袂度星桥。"自注云："燕京风俗，元夜妇女上正阳门桥摸城门钉为戏，谶宜男也。"（《横云山人集》）

燕京风俗，元夜妇女竞往前门，摸钉为戏，相传谶宜男也。（《陈检讨集》）

彭蕴章《幽州土风吟·夜摸钉》云："春书刻青缯，帧画蟾蜍形。画蟾制起辽俗妇，后来宜男夜摸钉。夜摸钉，女子行，走桥踏穿双绣履，入市看遍千珠灯。月斜星散诸灯落，归倚红炉饮羊酪。"（《松风阁诗钞》）

上元立春

王崇简《上元立春》诗有云："京国逢春风尚严，芳辰灯夕实相兼。辛盘旧俗陈生菜，玉陛新恩罢进柑。"（《青箱堂诗集》）

冯溥《元夜春词》："宝袜貂褕是内妆，香车冉冉过垂杨。共说今年春意早，玉河已见柳丝长。"（《佳山堂诗集》）

元宵烟火

又："欲换罗衣尚怯寒，元宵烟火满长安。军中只是听刁斗，那识花灯带笑看？"（《佳山堂诗集》）

上元夕，西厂舞灯、放烟火最盛。清晨，先于圆明园宫门列烟火数十架，药线徐引，燃成界画栏杆五色。每架将完，中复烧出宝塔楼阁之类，并有笼鸽及喜鹊数十在盒中乘火飞出者。（《檐曝杂记》）

《放盒子》云："花灯彻夜是元宵，盒架高支望去遥，最怕层层分不断，连皮带骨一齐烧。"（《都门杂咏·时尚》）

上元灯谜

初二至十六开琉璃厂，上元设灯谜，猜中以物酬之，俗谓之"打灯虎"，谜语甚典博。上自经文，下及词曲，非学问渊深者弗中。（《燕京杂记》）

"闲猜灯迷雅如何？书社何嫌日日过。为有同心思尽兴，元宵尤自挂灯多。"（《都门新竹枝词》）

元宵巡城

京师正月十四至十六为灯节，外城各悬灯结彩，以应节气，三日内金吾不禁，每夜有巡城御史，至市查

点，禁醉酒哗嚷者，本坊以红灯数十导引，人多艳之。（《香树斋诗》注）

上元火判

赵翼《戏咏火判官》诗注："京师人于上元节，以泥塑鬼判，虚其肠，燃火于中为戏。"（《瓯北诗钞》）

上元闹元宵

都门好，园馆闹元宵：菊部登场歌锦瑟，兰台胜会聚云韶。人老一枝箫。（《望江南词》）

上元调将

京师每遇上元节，五城各设灯棚，宝马香车，极承平岁华之丽。是夕三鼓后，步军统领于正阳门城上，以灯绳曳取城外武营官名帖，谓之"调将"，二百年来旧例也。（《壬癸藏札记》）

上元食元宵

"桂花元宵。"注云："挑担，前设锅炉，山楂、

白糖、奶油、加果各馅。"(《一岁货声》)

汤圆一曰汤团，北人谓之曰"元宵"，以上元之夕必食之也。然实常年有之，屑米为粉以制之，粉入水，沉淀之使滑而制成者，为挂粉汤圆，有甜咸各馅，亦有无馅者，曰"实心汤圆"。(《清稗类钞》)

元宵放假

王永积《踏灯词》注云："都城元宵，旧放假十日。"(《心远堂遗集》)

十五夜催灯梆

催灯梆：五夜街市人海，常恐滋生是非，官厅暗嘱更梆，三更便打五更。早先步营雇乞儿作梆夫，行则结队。北新桥心，西满北蒙，东属汉军，五夜二更时，三队数十夫，相遇于桥间，各列其队，喊号一声，群梆敲起，递换梆点，如曲牌然，笑语杂沓，声闻多远，游人奔赴，四面碴严，皆看梆而不看灯，而灯不散则不已也。(《春明采风志》)

灯节青楼

北平俗曲《姑娘拌嘴》云:"刚过了灯节儿,青楼正是艳阳天儿,姐儿们没有买卖很得闲儿,吃罢了早起的饭儿,漱了漱口,剔了剔牙儿,喝了碗香片茶儿,含上一根长烟袋儿,装一荷包定子烟儿,无是无非的说闲话儿。"(《百本张钞本马头调》)

十六日放偷

金国治盗甚严,每捕获,论罪外皆七倍责偿;唯正月十六日,则纵偷一日以为戏,妻女宝货车马,为人所窃,皆不加刑。是日人皆严备,遇偷至则笑遣之。既无所获,虽畚镵微物,亦携去。妇女至显入人家,伺主者出接客,则纵其婢妾盗饮器,他日知其主名,或偷者自言,大则具茶食以赎,(谓羊酒肴馔之类。)次则携壶,小则打糕取之。亦有先与室女私约,至期而窃去者,女愿留则听之。自契丹以来皆然,今燕亦如此。(《松漠纪闻》)

正月十三日,放契丹作贼三日,如盗及十贯以上,依法行遣。(《燕北杂记》)

金与元国俗，正月十六日谓之"放偷"，是日各家皆严备，遇偷至，则笑而遣之，虽妻女车马宝货，为人所窃，皆不加罪。闻今扬州尚然，而燕地正月十六夜之走桥，恐亦遗俗也。（《七修类稿》）

毛西河《放偷连厢》云："渤海向北，有个风俗，平日禁偷极严，至每年元夕，各许里巷放偷一日，以为戏乐。"（《毛西河全集》）

"上元良夜永，灯火畅邀游。守户劳黄犬，金吾正放偷。"注云："元夕小窃，元时不禁，名'放偷'。"（《燕都杂咏》）

十六日结羊肠

揭傒斯《结羊肠词》："正月十六好风光，京师儿女结羊肠。焚香再拜礼神毕，剪纸九道尺许长。捻成对绾双双结，心有所祈口难说。为轮为灯恒苦多，忽作羊肠心自别。邻家女儿闻总至，未辨吉凶忧且畏。须臾结罢起送神，满座欢欣杂憔悴。但愿年年逢此日，儿结羊肠神降吉。"（《秋宜集》）

妇女结羊皮一条，对解之，名"解羊肠"，旧俗

也。(《燕都杂咏》注)

十六夜走桥

周用《走百病》诗:"都城灯市由来盛,大家小家同节令。诸姨新妇及小姑,相约梳妆走百病。俗言此夜鬼穴空,百病尽归尘土中。不然今年且多病,臂枯眼暗兼头风。踏穿街头双绣履,胜饮医方二钟水。谁家老妇不出门?折足蹒跚曲房里。今年走健如去年,更乞明年天有缘。蕲州艾叶一寸火,只向他人肉上然。去年同伴今希有,几人可卜明年走?长安主人肯居停,寂寂关门笑后生。但愿中秋不见月,博得元宵雨打灯。"(《周恭肃集》)

正月十六日夜,妇女俱出门走桥,不过桥者云不得长寿。手携钱贿门军,摸门锁,云即生男。(《北京岁华记》)

八日至十八日,集东华门外,曰灯市。贵贱相沓,贫富相易贸,人物齐矣。妇女着白绫衫,队而宵行,谓无腰腿诸疾,曰"走桥"。至城各门,手暗触钉,谓男子祥,曰"摸钉儿"。击太平鼓,无昏晓;跳百索,无稚壮;戴面具,耍大头和尚,聚观无男女;有以诗隐

物，幌于寺观壁者，曰"商灯"，立想而漫射之，无灵蠢。（《帝京景物略》）

王崇简《十六夜》诗："上元昨已过，风俗重今宵。击鼓多当巷，携灯遍走桥。银花争月艳，宝马趁人骄。联袂群游子，相矜拾翠翘。"

又《王正谱俗竹枝词》："两三四日即元宵，望欲翘翘不尽娇。别理新妆称灯月，恐人约伴夜游桥。"（《青箱堂诗集》）

汪琬《走百病行》："正阳门外芳菲节，月明如雪灯如月。有灯有月恰宜人，街鼓冬冬鸣不绝。长安女儿最倾城，口脂面泽含芳情。一生不识长安道，试向灯前蹋月行。怪得年来瘦无力，频邀待诏施方术。只因未上正阳桥，百病交加减颜色。白绫衫暖斗蛾新，争从桥畔步纤尘。小姑扶嫂姊将妹，恼杀长安轻薄人。三三五五同游伴，共指腰身祝强健。终年不赛药王祠，育女生男悉如愿。从来不怕汉金吾，何况坊司吏卒呼？归来夜半浑无事，又觅荆箕候紫姑。"（《汪钝翁全集》）

正月十六日夜，京师妇女，行游街市，名曰"走桥"，消百病也。多着葱白、米色绫衫，为夜光衣。（《城北集》诗注）

冯溥《元夜春词》："一望平沙万里遥，月明何处尚吹箫？旁人争说前门好，姊妹牵衣过小桥。"（《佳山堂诗集》）

京城元夜，妇女连袂而出，踏月天街，必至正阳门下，摸钉乃回，旧俗传为"走百病"。海宁陈相国夫人有词以纪其事，词云："华灯看罢移香屦，正御陌，游尘绝。素裳粉袂玉为容，人月都无分别。丹楼云淡，金门霜冷，纤手摩挲怯。　三桥婉转凌波蹑，敛翠黛，低回说。年年长向凤城游，曾望蕊珠宫阙。星桥云烂，火城日近，踏遍天街月。"（《觚剩》）

《岁时记》：燕城正月十六夜，妇女群游，其前一人，持香辟人，名为"辟人香"。凡有桥处，相率以过，谓之"走百病"。又暗摸前门钉，中者兆吉宜子，至今犹然。（《言鲭》）

元夕，妇女联臂出游，曰"走百病"。过桥，谓之度厄。又向正阳门上摸索铜钉，云宜男也，相习成风，不知何据？（《水曹清暇录》）

北平俗曲《正月正》云："正月正，呀呀哟，娘家接我去看灯，问了婆婆问公公，婆婆说去了你蚤蚤的回，媳妇说是我还要走走百病，妈妈呀！你也去罢，走走桥儿不腰疼。"（《霓裳续谱》）

十六夜歌舞

何景明《燕京十六夜曲》："御河桥畔千尺台，燕京女儿踏歌来。台上歌钟日夕起，桥头酒垆深夜开。"

又："九衢车马似山河，万金买灯不道多。已留华月照歌舞，更放香风吹绮罗。"（《大复集》）

十八日开市

十八日谓之残灯末庙，然后市井如常，工人反肆，商贾各执其业，至开印之期，则学子攻书，官兵执差如平日。此半月余，德胜门外正觉寺游人甚多。（《京都风俗志》）

十九日白云观

吴宽《燕九日》诗："京师胜日称燕九，少年尽向城西走。白云观前作大会，射箭击球人马蹂。古祠北与学宫依，箫鼓不来牲醴稀。如何义士文履善，不及道人丘处机！"（《匏翁家藏集》）

正　月

十九日，名"燕九"是也。都城之西南有白云观者，云是胜国时丘真人成道处，此日僧道辐辏，凡圣溷杂，勋戚内臣，凡好黄白之术者，咸游此访丹诀焉。（《酌中志》）

正月十九日，都人集白云观，游冶纷沓，走马蒲博，谓之"燕九"节，或曰"阉丘"，或曰"宴丘"。相传是日，真人必来，或化冠绅，或化士女，或化乞丐。于是羽士十百，结坐松下，冀幸一遇之。

十九日集白云观，曰"耍燕九"，弹射走马焉。（《帝京景物略》）

王崇简《燕九游白云观》诗："道院巍然历劫灰，群游杂沓拥难开。相传此日真人至，不见凌风驾鹤来。宝马驱驰犹紫陌，青山旋绕旧荒台，偕君且向樽前醉，莫笑黄粱梦未回。"（《青箱堂诗集》）

燕九，京师旧俗也，相传为长春真人丘处机得道日，白云观游人最盛。（《松泉诗》注）

出西便门八里，有白云观，元时丘真人修道于此，后因其基为庙。上元之日，为真人生辰，其前数日，住持道士即洒扫殿庭，涤除院宇，卖香楮及百货者咸集，游人往来，自朝至暮无停轨。道士之狡黠者，衣衲手棕麈，或门或廊庑间，注目凝视，不言不笑，终日趺坐蒲团作仙状，而人亦蚁集丛视，俨若真仙降临，惟恐失之交臂，吁！何世人好异而喜于傅会若此也？（《春明丛说》）

"才过元宵未数天，白云观里会神仙。（正月十九日，俗言神仙必降白云观。）沿途多少真人降，个个真人只要钱。"（《京都竹枝词·游览》）

彭蕴章《幽州土风吟·燕九节》云："白云观中燕九节，跳丸舞剑夸方术。尽言是日真人来，或化冠缨或行乞，冠缨行乞皆神仙，着意求之无夙缘。赤龙不救陶安冶，纷纷羽士青松下。"（《松风阁诗钞》）

长春观在西便门外，今名白云观，每岁正月十九日庙会，名"燕九"。（《燕都杂咏》注）

《白云观》诗云："清明时节艳阳天，鹤引凫飞会法筵。要识真仙行处有，年年错过总无缘。"（《都门赘语》）

正月

西便门外白云观,为道众聚会之所,每年正月十九日致醮祠下,谓之"燕九节"。男女至观,焚香持斋,彻夜达旦,谓之"会神仙"。或言十九日神仙必降此观,此风俗之不善也。(《京都风俗志》)

《白云观》诗云:"奇巧纱灯挂满墙,春风微蓻一炉香。山头亭畔多花木,遥隐疏钟响夕阳。"(《都门打油歌》)

白云观祀元长春真人丘处机,正月十九,都人游此,名"燕九节"。(《京师地名对》注)

十九日谓之筵九,每至筵九,皇上幸西厂子小金殿,筵宴,看玩艺、贯跤,蒙古王公,请安告归。臣工之得着貂裘者,尽于是日脱去,改穿白锋毛矣。民间无事可纪,游赏白云观者,谓之会神仙焉。

白云观在阜成门外西南五六里,其基最古,自金、元以来即有之。观内"万古长春"四字尚存,为丘长春所书。每至正月,自初一日起,开庙十九日。游人络绎,车马奔腾,至十九日为尤盛,谓之会神仙。相传十八日夜内必有仙真下降,或幻游人,或化乞丐,有缘遇之者,得以却病延年。故黄冠羽士,三五成群,趺坐廊下,以冀一遇。究不知其遇不遇也。(《燕京岁时记》)

白云观，元之长春宫也，昔在城中，今则为城外巨刹，犹可冠京师。正月十九，俗称"阉九"，前数日，即游人不绝，士女昌丰，而群阉尤所趋附，以丘长春乃自宫者也。（《天咫偶闻》）

会神仙，游赏白云观之谓。相传十八日夜内必有仙真下降，或幻游人，或化乞丐，有缘遇之，却病延年。（《春明采风志》）

京师西便门外有白云观，每年元宵后开庙十余日，倾城士女皆往游，谓之"会神仙"，住持道士获赀无数。（《清代野记》）

白云观在西便门外，院落以千数，都门之首观也。相传乃元时丘长春得道处，明季闯乱，为一于道人所保留，虽沧桑频经，而卒未稍受影响。观内多老道，自称年逾百岁，第亦未可尽信。小灵山者，在观东，以碎瓷砌成。养老院居观西，百岁之老人，老猪、鸡、鸭、鹅等，胥荟萃于是。马场在其右侧，风华少年，颇有据鞍游此者。观之外院，有一白石桥，桥下无水，得石室二，东西对向，两老道服蓝布裳，各据其一，不食不饮，闭目枯坐，前悬一钟，钟前一布帏，帏前一木钱，

正 月

谓能以钱币击中木钱之方孔,可博一岁之吉利,实则老道藉此敛钱,愚者不察,适中其计耳。其地清幽绝伦,世外桃源,岁首十九日,车尘马迹,络绎不绝,于是幽壑而成人海矣。厥名"燕丘会",与元旦之厂甸,上元之观灯,同称上林盛举。北里群花,趋者甚众,晓妆初罢,每昵所欢,命驾同往。至则礼神佞佛,以祈默佑,且有自按芳龄,就所司岁神前,虔诚进香,名曰"点星宿"。樱口喃喃,殆皆祝早得如意郎君,拯登彼岸耳。或径叩其意,则含情微诉,欲得星宿作月老。虽为诿词,亦殊动听。(《京华春梦录》)

京师正月十九日,游白云观,曰"燕九节"。《野获编》以为"烟九",云以烟火得名,又曰"淹九",则灯市十八日,取淹留之义,又曰"阉九",相传全真是日就阉。(《骨董琐记》)

郊西白云观供丘真人,相传十九日生辰,亦求赛之会也。桥下悬一铜钱,其大逾盘,凡人祀神毕,皆于桥栏杆上掷钱;如中其孔,则大利市,中与不中,均无下拾之蹊径,十日闭会,而阿堵盈万,则为道人终岁之储。(《旧都文物略》)

十八日为会神仙之日,白云观内最有趣味最热闹的一天，俗传是夕必有神仙下降；神仙们，照集神仙大成的中国的人的说法，向来是不轻易现露本相的，他们下临人世的时候，或化为缙绅，或化为乞丐，或变成老妪，或变成童稚，唯有缘者能遇之；这晚，神仙们也不会例外，虽然到现在还没有人知道到底变化成什么人物，一般迷信男女，和不迷信男女，如富室姜姬，纨绔子弟，下等痞氓，率宿于观中，彻夜不眠，有的在床上辗转反侧，有的在各偏僻地点藏躲，期与神仙一晤，谓之会神仙。有些老道们喜作狂态奇行，假冒神仙，以钓众愚，迷信男女们除了会着这般假神仙外，不知曾看着真神仙没有？不迷信的男女们，都抱着"醉翁不在酒"之意，因此每每发生了风流趣闻，成就了男女的好事，将一座梵王宫当作了楚阳台，其乐不减于会神仙。会神仙是其假借之名义也，神仙们亦知之乎？十九日为长春真人诞辰，观为丘祖阐教之地，是日当然为一重要纪念日。凡善士檀越，好黄白术者，往往不远千里而来，进香上供，俞樾《茶香室三钞》说："此日僧道辐辏，凡圣溷集，勋臣内戚，凡好黄白之术者，咸游之，访丹诀焉。"可见此日盛况，此风今日稍替。在昔每有不少官富人等在此日散钱布施，动辄耗数万，此类豪举，今日无有矣，即连到处求钱的乞丐也没人理会得，亦人心不古之一证欤？俗称燕九节，或称燕丘、筵九、阉九、淹九，其义多不可考了。观内商贩，摆设席棚，卖食物与

玩具者最多，以小漆佛为最出名，游者多乐购之，藉留游观纪念。（《白云观庙市记》）

十九以后开印

开印之期，大约于十九、二十、二十一三日之内，由钦天监选择吉日吉时，先行知照，朝服行礼。开印之后，则照常办事矣。（《燕京岁时记》）

二十三打鬼

喇嘛打鬼者，即古"乡人傩"之意耳，喇嘛最尊者为呼必辣吉，人称之曰"胡图克土汉"，说再来人也。次为朝尔吉，次为勺撒，次为喇木占巴，次为噶卜处，次为温则忒，次为德穆齐，次为哈楞，次为哈丝规，次哈素尔，次班第，次哈由巴，次戳由巴，次骨捻尔，次颤吗，女喇嘛为尺巴甘赤。打鬼，喇嘛话曰"部勺"。每岁打鬼有数次，是日喇嘛庙中，殿上燃灯数百盏，竖大旗于殿之四角，旗画四天王像，命戳由巴鸣金，传执事者齐集。设大喇嘛座于殿之东，朝尔吉以下皆列坐，一喇嘛名茶勃勒气，散净水于众喇嘛手上，名曰"打净"，几案上设胡郎八令，盖以醍醐拌面，像人兽形，以供鬼食，左右二甲士监之，甲士以帛束口，防人气触八令上，则鬼不食耳。班第装二鬼，跳跃，一夜又侧睨之，向其一呼则潜匿。诸喇嘛队撒面以眯人眼，殿上随吹钢冻，其声甚惨。钢冻者，以人骨为之，似觱篥类，诸乐器皆奏，大钹柄鼓，声震屋宇。哈素尔十二人戴假面，装天神天将，双双跳舞，出殿庭而下。又哈楞十人，装十地菩萨，花帽锦衣，继之而出，手执天灵盖碗、髑髅棒、叉杵等物，旁立喇嘛数百人，各持鼓钹敲击，鼓钹之疾徐，随舞之节奏。跳讫，温则忒宣开经偈，众喇嘛朗诵秘密神咒，吽声如雷，铃声如雨，喇木占巴以胡郎八令掷于地，二喇嘛装牛鹿假面，持刀斫地，作杀鬼之状，一喇嘛戎装，持方天戟，吐火吞刀，云有神附于身，观者皆膜拜，奉界单于神以问休咎。界单者，绢巾也，又名哈塔。跳舞毕，哈由巴以糖一钵候于户外，抹众喇嘛之口，而打鬼佛事终焉。（《水曹清暇录》）

京城番寺极巍峨，佛事新奇喇吗多（黄衣僧）。黑寺（在德胜门外，正月佛事，名曰打鬼）也会瞧打鬼，未沾白土又而何？（打鬼但以白土打人，中者为晦气。）（《京都竹枝词·游览》）

查得德胜门外黑寺、黄寺两喇嘛庙，每年正月内，各喇嘛等在寺前跳舞撒灰，并舍给观看人钱文，驱鬼逐

疫，原系旧习相沿。每岁逢期，聚众至万余人之多，争接舍钱，拥挤滋事。（《金吾事例》）

廿三日，德胜门外土城关东北慈度寺，俗呼黑寺，黄衣番僧诵经送祟，谓之"打鬼"。城中男女出郭争观，寺前教场，游人蚁聚云屯。又有买卖赶趁，香茶食果，乃彩妆傀儡，纸鸢竹马，串鼓蝴蝶，琐碎戏具，以诱悦童曹者，在在成市。至时僧众出寺，装扮牛头鹿面、星宿妖魔等像，旗幡伞扇，拥护如天神，与钟鼓法器之声，聒耳炫目。其扮妖魔像者，皆番僧年少者数人，手执短柄长尾鞭，奔于稠人中乱击之，无赖者谑语戏骂，以激其怒，而僧奔击尤急，以博众笑。喧闹移时，黄衣归寺，则游人星散，紫陌飞尘，轻车驷马，鱼贯入城，而日已近山矣。其浪荡之人，或藉看打鬼为名，往往潜入青楼耳。（《京都风俗志》）

打鬼本西域佛法，并非怪异，即古者九门观傩之遗风，亦所以禳除不祥也。每至打鬼，各喇嘛僧等扮演诸天神将以驱逐邪魔，都人观者甚众，有万家空巷之风。朝廷重佛法，特遣一散秩大臣以临之，亦圣人朝服阼阶之命意。打鬼日期，黄寺在十五日，黑寺在二十三日，雍和宫在三十日。（《燕京岁时记》）

黄、黑寺皆有跳步扎之举,金刚力士,天龙夜叉,奉白伞盖佛以游巡。先有黑面如进宝回之状,乃白骷髅二人,或四人,到处鞭辟,有傩之遗意焉。每岁正月,黄寺十三日,黑寺十五日,雍和宫二十一日,旃坛寺初六日。绣衣面具,皆由内制,王公大臣,朝服临之,虽近儿戏,典至重也。(《东华琐录》)

黄寺有二,皆在北城附郭,为黄教喇嘛卓锡之所,因以是名。(二寺一在安定门外,名普净寺;一在德胜门外,名慈渡寺。或谓慈渡寺俗名黑寺,然予闻之土人,则均称为黄寺,仅别之以东西云。)西黄寺内,华殿五楹,传系辽太后萧氏临政之殿址,予得之于司寺喇嘛所云,姑存此说,以待考证。每届上元节序,各喇嘛演习舞蹈,或戴面具,或击鼗乐,牛鬼蛇神聚在一堂,口唱番歌,似有节奏,名曰"打鬼",能辟不祥。是日万人空巷,裙屐杂沓。按打鬼本西域俗例,今蒙古、西藏多有行之。(《京华春梦录》)

二十五 填仓

二十五日,人家市牛羊豕肉,恣餐竟日,客至苦留,必尽饱而去,名曰"填仓"。(《北京岁华记》)

正月

二十五日曰"填仓",亦醉饱酒肉之期也。(《酌中志》)

二十五日大啖饼饵,曰"填仓"。(《帝京景物略》)

京师正月二十五日,进酒食,名曰"填仓",贵贱皆然。(蒋之翘《天启宫词》注)

《燕都杂咏》:"佳节近填仓,灰龙引更长。女红停一月,针黹岁时忙。"注云:"正月二十五日为填仓日,具酒食,门引灰龙,女工停作。"(见《都城琐记》)

每至二十五日,粮商米贩致祭仓神,鞭炮最甚,居民不尽致祭,然必烹治饮食,以劳家人,谓之"填仓"。(《燕京岁时记》)

二十五日粮商米贩致祭仓神,鞭炮相接不断,居民烹治饮食,谓之填仓。(《春明采风志》)

二 月

二月全月

欧阳原功《渔家傲》词："二月都城春动野，引龙灰向银床画。士女城西争买架，看驰马，官家迎佛官兰若。　水暖天鹅纷欲下，鹰房奏猎催车驾。却道海青逢燕怕，才过社，柳林飞放相将罢。"（《圭斋集》）

《燕台新月令·二月》云："是月也，鸡糕祀日，山桃华，城笳鸣春，香会攒印，冰盏鸣，陀罗转，灯车卖豆，冢土加，沟始臭。"（《水曹清暇录》）

陈铎为指挥，善词曲，又善谑，常居京师，戏作《月令》，惟记其二月下云："是月也，壁虱出，沟中臭气上腾，妓靴化为鞋。"最善形容，"化为鞋"，更可笑也。（《客座赘语》）

二月游南城

是月，北城官员士庶、妇人女子多游南城，爱其风

日清美而往之,名曰"踏青"。(《析津志》)

二月菠薐

二月,菠薐于风帐下过冬,经春则为鲜赤根菜,老而碧叶尖细,则为火焰赤根菜。同金钩虾米以面包合,烙而食之,乃仲春之时品也。(《帝京岁时纪胜》)

二月进香涿州

二月,都人进香涿州碧霞元君庙,不论贵贱男女,额贴金字,结亭如屋,坐神像其中,绣旗瓶炉前导,从高梁桥归,有杂技人腾空旋舞于桥岸,或两马相奔,人互易之,或两弹追击,迸碎空中。(《北京岁华记》)

二月淘沟

京师二月淘沟,秽气触人,南城烂面胡同尤甚,深广各二丈,开时不通车马。(《寄园寄所寄》)

京城二月淘沟,道路不通车马,臭气四达,人多佩大黄、苍术以避之。(《燕京杂记》)

蒋士铨《京师乐府词·开沟》云："井田虽坏古法留，街衢下列行水沟。道旁错落露沟眼，积秽所入淤不流。一岁一开夏政修，五城官役役沟头。沟头敛钱按门籍，沟夫畚锸启沟石。窈然深黑恶气腾，往往沟夫死络绎。左沟先开右沟迟，街面土作街心池。沟中滓秽汲万斛，倾注池内日曝之。康庄坎坷行不得，一月车轮暂休息。官人骑马惧昏黑，陷阱在旁君可识。左沟将闭右沟开，验沟官吏次第来。疫气流行借沟气，月令触犯人身灾。君不见路人握椒相引避，掩鼻如游鲍鱼肆。江南此日夏初临，紫陌风传兰麝气。"（《忠雅堂诗集》）

方朔《开沟》诗："二月三月春冻流，九门提督传开沟。初由城外继城内，令所下处无夷犹。水源显出锄固集，隧道暗伏锸亦投。浑沌凿破石齿见，秽浊一露如脂浮。入坎每疑不出坎，十步之外幸昂头。底土下畚泥滑滑，陈水当风波油油。颇恐积注横溢无界限，短堤一尺二尺时相周。上巳风，寒食风，春和宣导沉郁通；桃花雨，李花雨，冲得粪污无处所。祇嫌余气逼人薰，一病经旬十三五。吾乡到处沟多明，随壅随剔淤无存。或教仿照江城式，更见燕山大好春。土宜自古分南北，如此车尘经不得。膝盘首俯正沉吟，又听前途叱路塞。叱路处处为何人，大半拥鼻含香行。季春自有天家令，利在何须发恨声。恨亦不必恨，愁亦不必愁，大栅栏前早

已输银数百与街卒。极平极净，有歌有舞，何不日寻斯处游？"（《金台游学草》）

每春，各街挑沟，车马难行，谚云："臭沟开，状元来。"（《燕都杂咏》注）

《开沟》云："二月开挑遍地沟，佳人偏爱站门头。可怜直眼贪花子，陷入深泥未转眸。"（《都门杂咏》）

燕台为帝王之都，而数百年来，街道失修，河渠湮塞，每年二月，各街开沟，臭秽触鼻，夏初始竣，故俗有"臭沟开，举子来；臭沟塞，状元出"之谚。街中泥沙积尺许，没踝胶轮。春间少雨多风，每风起时，黄埃蔽日。易石甫诗："十日九风偏少雨，一春三月总如烟。"真善状燕京风土。光绪季年，始修马路，自是王道荡平，无带水拖泥之苦矣。（《觉花寮杂记》）

春分祭祠

春分前后，官中祠庙皆有大臣致祭，世家大族，亦于是日致祭宗祠，秋分亦然。（《燕京岁时记》）

二月初王瓜

王瓜，出燕京者最佳，种之火室中，逼生花叶，二月初即结小实。（《学圃余疏》）

二月初献生子

二月初，民间用青囊遗百谷瓜果种，曰"献生子"。（《城北集》诗注）

初一太阳糕

二月初一，街上卖太阳糕，岁一次，买之以祀日也。（《燕京杂记》）

二月初一，俗称为中和节，云起于唐李泌，市中货太阳糕，以祀太阳星君。（《水曹清暇录》）

"供佛的太阳糕。"注云："白米面加糖，初一日祭。"（《一岁货声·二月》）

二月朔日，唐后为中和节，今废而不举。相传为太阳真君生辰，太阳宫等处修崇醮事，人家向日焚香叩

拜，供夹糖糕，如糕干状，上签面作小鸡，或戳鸡形于糕上，谓之太阳糕，亦有持斋诵太阳经者。（《京都风俗志》）

二月初一日，市人以米面团成小饼，五枚一层，上贯以寸余小鸡，谓之太阳糕。都人祭日者，买而供之，三五具不等。（《燕京岁时记》）

二月初一日太阳宫进香，人家以米糕祀日，糕上以彩面作鸡形。（《天咫偶闻》）

二月初一日，市人以米粉团成小饼，五枚一层，上贯以寸余小鸡，曰"太阳糕"，居民祭日者买而供之。初二日，古之中和节也，俗呼"龙抬头"，人家各置饮食，食水饺曰吃龙耳，食春饼曰吃龙鳞，食面条曰吃龙须。闺中停止针黹，谓恐伤龙目也。（《民社北平指南》）

初二卢师山

卢师山，二月二日，南北二城游赏，如燕九节。（《析津志》）

初二龙抬头

都人呼二月二日为"龙抬头",乡民用灰自门外蜿蜒布入宅厨,旋绕水缸,呼为"引龙回"。(《宛署杂记》)

二月二日曰"龙抬头",煎元旦祭余饼,薰床炕,曰"薰虫儿",谓引龙,虫不出也。(《帝京景物略》)

二月二日曰"龙抬头",因荐韭之余,家各为荤素饼馓,以油烹而食之,曰"薰虫儿",谓引龙以出,且使百虫伏藏也。十五日曰"花朝",小青缀树,花信始传,骚人韵士,唱和以诗。(《康熙宛平县志》)

二日为土地真君生辰,城内外土地神庙,香火不绝,游人亦众,又有放花盒灯香供献以酬神者,俗谓此日为"龙抬头"。此日饭食,皆以龙名,如饼谓之龙鳞,饭谓之龙子,条面为龙须,扁食为龙牙之类。(《京都风俗志》)

二月二日,古之中和节也,今人呼为"龙抬头"。是日食饼者谓之龙鳞饼,食面者谓之龙须面。闺中停止

针线，恐伤龙目也。（《燕京岁时记》）

龙抬头：二月二日，古之中和节也。是日食饼，为龙鳞饼，食面为龙须面。闺中停针，恐伤龙目。又以祭余素烛遍照壁间，有"二月二，照房梁，蝎子蜈蚣无处藏"之语。（《春明采风志》）

初二薰虫

二月初二日，各宫门撤出所安彩妆。各家用黍面枣糕，以油煎之；或以面和稀摊为煎饼，名曰"薰虫"。是月，分菊花、牡丹。凡花木之窖藏者，开隙放风。清明之前，收藏貂鼠帽套风领、狐狸等皮衣。食河豚，饮芦芽汤以解其热。各家煮过夏之酒。此时吃鲊，名曰"桃花鲊"也。（《酌中志》）

二月二日，因荐韭之余，家各为荤素饼馓，以油烹而食之，曰"薰虫儿"。十五日曰"花朝"，小青缀树，花信始传，市所卖花，出自窖藏，已烂熳矣。（《康熙大兴县志》）

初八太子生辰

二月一日为中和节，八日为悉达太子生辰，雕木为像，仪仗百戏导从，循城为乐。（《辽史·礼志》）

十五游皇城

世祖至元七年，以帝师八思巴之言，于大明殿御座上置白伞盖一顶，用素缎，泥金书梵字于其上，谓镇伏邪魔、护安国刹。自后每岁二月十五日，于大殿启建白伞盖佛事，用诸色仪仗社直，迎引伞盖，周游皇城内外，云与众生祓除不祥，导迎福祉。岁正月十五日，宣政院同中书省奏请，先期中书奉旨移文枢密院八卫，拨伞鼓手一百二十人，殿后军甲马五百人，抬舁监坛汉关羽神轿军及杂用五百人。宣政院所辖宫寺三百六十所，掌供应佛像、坛面、幢幡、宝盖、车鼓、头旗三百六十坛，每坛擎执抬舁二十六人，钹鼓僧一十二人。大都路掌供各色金门大社一百二十队，教坊司云和署掌大乐鼓板、杖鼓、筚篥、龙笛、琵琶、筝、篆七色，凡四百人。兴和署掌妓女杂扮队戏一百五十人，祥和署掌杂把戏男女一百五十人，凤仪司掌汉人、回回、河西三色细乐，每色各三队，凡三百二十四人。凡执役者，皆官给铠甲、袍服、器仗，俱以鲜丽整齐为尚，珠玉金绣，装束奇巧，首尾排列三十余里。都城士女，间阎聚观。礼部官点视诸色队仗，刑部官巡绰喧闹，枢密院官分守城门，而中书省官一员，总督视之。先二日，于西镇国寺迎太子游四门，舁高塑像，具仪仗入城。十四日，帝师率梵僧五百人于大明殿内建佛事。至十五日，恭请伞盖于御座，奉置宝舆，诸仪卫队仗列于殿前，诸色社直，暨诸坛面列于崇天门外，迎引出宫。至庆寿寺具素食，食罢起行，从西宫门外垣海子南岸，入厚载红门，由东华门过延春门而西。帝及后妃公主于五德殿门外，搭金脊五殿彩楼而观览焉。及诸队仗社直送金伞还宫，复恭置御榻上。帝师僧众作佛事，至十六日罢散。岁以为常，谓之"游皇城"。（《元史·祭祀志》）

《燕都杂咏》："白伞迎诸佛，皇城几度游。帝师多福利，膜拜遍王侯。"注云："元每岁白伞迎佛，名游皇城。"（见《历代旧闻》）

十五花朝

二月，时至花朝，小青缀树，花信始传，骚人韵士，倡和以诗。（《舆地记》）

十九观音生辰

十九日为观音生辰，僧寺建会，诵经斋醮，人家亦有食素喋经者。（《京都风俗志》）

下旬鸡鸭

二月下旬，则有贩乳鸡、乳鸭者，沿街吆卖，生意畅然。盖京师繁盛，鸡鹜之属日须数万只，是皆以人力育之，非自乳也。执此业者，名曰"鸡鸭房"，在齐化门、东直门一带。（《燕京岁时记》）

二三月间胜游

丰台芍药，在昔为胜游，今则二三月间，南西门外三官庙海棠开时，来赏者车马极盛。城内龙爪槐，城外极乐寺，皆游春地也。游人皆自携行厨，惟陶然亭、小有余芳二处有酒家，陶然亭暮春即挂帘卖酒，小有余芳则迟至入夏乃开园。（《京尘杂录》）

三月

三月全月

萨都拉《京城春日》诗："三月京城飞柳花，燕姬白马小红车。旌旗日暖将军府，弦管春深宰相家。小海银鱼吹白浪，层楼珠酒出红霞。蹇驴破帽杜陵客，献赋归来日未斜。"（《萨天锡诗集》）

欧阳原功《渔家傲》词："三月都城游赏竞，宫墙官柳青相映。十一门头车马并，清明近，豪家寒具金盘饤。　　墦祭流连芳草径，归来风送梨花信。向晚轻寒添酒病，春烟暝，深深院落秋千迥。"（《圭斋集》）

上巳日上土谷祠。清明日始卖冰，以两铜盏合而击之。次日，花木皆出窖，播瓜菜种于地。后三日，新茶从马上至，至之日，官价五十金，外价三二十金不一，二日，即二三金矣。二十八日赛东岳庙。（《北京岁华记》）

三月三日，风和景丽，载酒出野，临流醉歌，有修禊遗风焉。清明日，男女簪柳出扫墓，担尊榼，挂楮

钱，既而寻芳择地，欢饮而归。二十八日，太常寺致祭东岳庙，民间结会，盛陈鼓乐，旗幢前导，观者夹路。（《康熙大兴县志》）

《燕台新月令·三月》云："是月也，栾枝红，丁香白，炕火迁于炉，芦芽入馔，蒲根肥，黄瓜重于珍，榆钱为糕，蟠桃会，靴师报祖。"（《水曹清暇录》）

三月初三日游蟠桃宫，十五日至二十八日游东岳庙，清明日南城城隍庙厉坛，人家上冢。（《天咫偶闻》）

三月初三日游蟠桃宫，十五日至二十八日游东岳庙，清明游南城城隍庙厉坛。（《清稗类钞》）

三月初一至初三日，蟠桃宫开庙三日，游人甚多，豌豆黄与杂抓（糖拌山查等类各种果品，购时各抓少许），为应时之食品，俗又以栽植葫芦必于三月三日下种，否则结实不繁。清明前后多祭扫坟茔，车马往来，不绝于道，辄插柳于车棚以归，儿童多戴柳枝编成之帽圈，谣曰："清明不戴柳，死后变黄狗。"十八日梨园行祭于精忠庙，戏馆多休息，曰"戏子会"。（《民社北平指南》）

三月食龙须菜

三月采食天坛之龙须菜，味极清美。（《帝京岁时纪胜》）

天坛生龙须菜，清明后，都人以鬻于市，其茎食之甚脆。（《析津日记》）

三月擞泥钱

是月，小儿以钱泥夹穿而干之，剔钱泥，片片钱状，字幕备具，曰"泥钱"，画为方城，儿置一泥钱城中，曰"卯儿"；拈一泥钱远掷之，曰"擞"，出城则负，中则胜，不中而指权相及，亦胜，指不及而犹城中，则擞者为卯。其胜负也以泥钱。别有挑用苇、绷用指者，与擞略同。有擞用泥丸者，与钱略同，而其画城郭远。（《帝京景物略》）

三月斋僧

俗云："南桥北寺。"北方之寺，多出于明时内监创建，有一寺费至数万者，穷工极巧，而在顺天之西山更盛。每春三月，太监斋僧。在平常习套，不过蔬食果饼而已，太监辈甚有用腥肴，潜佐以酒，斯已奇矣；

更有甚者，于远近构寻娼妓多人，量道里远近，以苇席为圈棚，纳妓于中，任诸僧人淫媾，名曰"大布施"。（《在园杂志》）

三月黄花鱼

黄鱼，京师呼"黄花鱼"，从天津来，鲜者味尚佳，然至大者不过六七寸，而其值数倍南中。（《食味杂咏》注）

"黄花鱼到要争先，多费无非早一天。正是榆钱才绿后，声声芍药卖街前。"（《京都竹枝词·饮食》）

黄花鱼，即石首，京师名"黄花"。（《晒书堂诗钞》注）

《黄花鱼》诗："黄花尺半压纱厨，才是河鲜入市初。一尾千钱作豪举，家家弹铗餍烹鱼。"（《都门杂咏》）

京师三月有黄花鱼，即石首鱼。初次到京时，由崇文门监督照例呈进，否则为私货。虽有挟带而来者，不敢卖也。四月有大头鱼，即海鲫鱼，其味稍逊，例不进呈。（《燕京岁时记》）

黄花鱼亦名黄鱼，每岁三月初，自天津运至京师，崇文门税局必先进御，然后市中始得售卖，都人呼为黄花鱼，即石首鱼也。当芦汉铁路未通时，至速须翌日可达，酒楼得之，居为奇货，居民饫之，视为奇鲜，虽江浙人士之在京师者，亦食而甘之，虽已馁而有恶臭，亦必诩于人而赞之曰"佳"，谓"今日吃黄花鱼"也。（《清稗类钞》）

三月开沟

京师三月开沟，行者甚苦。考宋世汴京亦然，梅宛陵《淘渠诗》："开春沟，甽春泥，五步掘一堑，当涂如坏堤。车无行迹马无蹊，遮截门户鸡犬迷。金吾司街务欲齐，不管人死兽颠啼。"宛然今日风景。（《麓漅荟录》）

寒食祓禊

都下寒食，游人于水边以柳圈祓禊。（《研北杂志》）

清明风作

都人谓清明日风作,则一月内无日不风,亦无日不沙矣。(《辽史·礼志》)

清明秋千

辽俗最重清明,上至内苑,下至士庶,俱立秋千架,日以嬉戏为乐。自前明以来,此风久革,不复有半仙之戏矣。

清明寒食,宫庭于是节最为富丽,起立彩索秋千架,自有戏蹴秋千之服,金绣衣襦,香囊结带,双双对蹴,绮筵杂进,珍馔甲于常筵。中贵之家,其乐不减于宫闼。达官贵人,豪华第宅,悉以此为除祓散怀之乐事,然有无各称其家道也。(以上《析津志》)

王崇简《清明》诗:"尽说游行好,春深桃李天。香车旋曲水,宝马踏荒烟。风雨偏今日,莺花又一年。谁家归去晚?彩索尚秋千。"(《青箱堂诗集》)

清明射柳

永乐中,禁中有䠓柳之戏,即射柳也。元人以鹁鸽

贮葫芦中，悬之柳上，弯弓射之，矢中葫芦，鸽飞出，以飞之高下为胜负，往往会于清明、端阳。（《识小编》）

邝露《步出崇文门》诗云："步出崇文门，清明七贵欢。游女千蝶衣，弱息双珠簪。喷沙白玉马，殷殷璊玉鞍。马是宛委龙，人是夷朝安。马后朱缨络，马首玉莲冠。马镳金连钱，鋈靷珊瑚纤。七香石崇牛，千金韩嫣弹。双飞杳将落，五剧逐相毚。射雉西山侧，盘马南郊坛。"（《峤雅集》）

清明高梁桥

高梁桥在西直门外，京师最胜地也。两水夹堤，垂杨十余里，流急而清，鱼之沉水底者，鳞鬣皆见。精蓝棋置，丹楼珠塔，窈窕绿树中。而西山之在几席者，朝夕设色以娱游人。当春盛时，城中士女云集，缙绅士大夫非甚不暇，未有不一至其地者也。（《瓶花斋集》）

岁清明，桃柳当候，岸草遍矣。都人踏青高梁桥，舆者则塞，骑者则驰，塞驱徒步，既有挈携，至则棚席幕青，毡地藉草，骄妓勤优，和剧争巧。厥有扒竿、斛斗、唎喇、筒子、马弹、解数、烟火、水嬉。扒竿者，立竿三丈，裸而缘其顶，舒臂按竿，通体空立移时也，受竿以腹，而项手足张，轮转移时也，衔竿，身平横空，如地之伏，手不握，足无垂也，背竿，髁夹之，则合其掌，拜起于空者数也，盖倒身忽下，如飞鸟堕。斛斗者，拳据地，俯而翻，反据仰翻，翻一再折，至三折也，置圈地上，可指而仆尔，翻则穿一以至乎三，身仅容而圈不动也，叠案焉，去于地七尺，无所据而空翻，从一至三，若旋风之离于地，已则手两圈而舞于空，比卓于地，项膝互挂之，以示其翻空时，身手足尚余间也。唎喇者，掏拨数唱，谐杂以诨焉，鸣哀如诉也。筒子者，三筒在案，诸物械藏，示以空空，发藏满案，有鸽飞、有猴跃焉，已复藏于空，捷耳，非幻也。解数者，马之解二十有四，弹之解二十有四。马之解，人马并而驰，方驰，忽跃而上，立焉，倒卓焉，鬣悬，跃而左右焉，掷鞭忽下，拾而登焉，镫而腹藏焉，鞧而尾赘焉，观者岌岌，愁将落而践也。弹之解，丸空二三，及其坠而随弹之，叠碎也；置丸童顶，弹之碎矣，童不知也；踵丸，反身弹之，移踵则碎，人见其碎，不见其移也；两人相弹，丸适中遇而碎，非遇是俱伤也。烟火者，鱼、鳖、凫、鹭形焉，燃而没且出于溪，屡出则爆，中乃其儿雏，众散，亦没且出，烟焰满溪也。是日，游人以万计，簇地三四里。浴佛、重午游也，亦如之。

邵弥《游高梁桥》诗："彼美都人士，出郭清明游。高梁桥西畔，柳软莎亦柔。各携朱累坐，饮啖弹箜篌。又入水边寺，又登柳边楼。谁家高舆过，随从皆骅骝。回策妙如漾，锦鞯紫绒鞧。谁家侠少年，使酒睨公侯。箕踞古道边，闪闪白双眸。我踏芳芷去，独为青溪留。坐看花影水，远人而亲鸥。"（《帝京景物略》）

王崇简《杂怀》诗："宴乐昔时修禊地，高梁桥畔甲西郊。傍溪门启疏钟彻，夹岸莺啼碧柳交。选胜笙歌张绣幕，倦游士女藉春茅。至今河水依然绿，落日栖鸦绕旧巢。"（《青箱堂诗集》）

龚鼎孳《清明郊行因游海甸竟日》诗："风俗高梁胜，惊心三十年。河山春草后，朋旧酒痕边。海燕巢荒谢，棠梨发野田。五陵游冶客，又斗锦连钱。"（《定山堂诗集》）

清明戴柳

清时戴柳枝于发，夏至戴蓖麻子叶、长命菜，即马齿苋也。立秋日戴楸叶。（《芫史》）

《燕都杂咏》："晴日清明暖，长河柳色匀。斗蛾妆已换，插鬓绿秭新。"注云："簇纸蝶戴之，名斗蛾儿，清明戴柳芽，有'清明不戴柳，来生变黄狗'之谚。"（见《都城琐记》）

清明扫墓

三月清明日，男女扫墓，担提尊榼，轿马后挂楮锭，粲粲然满道也。拜者，酹者，哭者，为墓除草添土者，焚楮锭，次以纸钱置坟头。望中无纸钱，则孤坟矣。哭罢，不归也，趋芳树，择园圃，列坐尽醉。有歌者，哭笑无端，哀往而乐回也。是日簪柳，游高梁桥，曰"踏青"，多四方客未归者，祭扫日感念出游。（《帝京景物略》）

祭礼：士大夫庙祀，率如文公家礼。民间不敢立祠堂，礼多简朴：清明祭于墓，七月中旬祭于墓，十月一日祭于家，或祭于墓，冬至、岁暮、忌日，俱祭于家。（《舆地记》）

清明日，男女簪柳出扫墓，担樽榼，挂纸钱，拜者，酹者，哭者，为墓除草添土者，以纸钱置坟巅，既而趋芳树，择园圃，列坐馂余而后归。（《康熙宛平县志》）

清明，人家上坟，于市上买盒子菜以祀之，即南边之馔盒也。（《燕京杂记》）

新葬者祭扫较早，在清明前，俗谓"新坟不过社"。（《燕都杂咏》注）

《清明》云："满怀忧恨锁乾坤，佳节凭谁记泪痕？只见驱车芳草路，纸钱烧去更消魂。"（《都门杂咏·节令》）

清明，从冬至数至一百五日，即其节也，前两日为寒食节，禁烟火等仪，京皆不举，惟清明日，妇女儿童有戴柳条者，斯时柳芽将舒苞如桑椹，谓之柳苟。谚云："清明不带柳，死后变黄狗。"其义殊不可晓。或曰："清明不带柳，死在黄巢手。"盖黄巢造反时，以清明日为期，带柳为号，故有是谚也。是日倾城上冢，九门城外，自晨至暮，处处飞灰，其野店荒村，酒食一罄。或云此日有风，则过四十五日始止，谚云："清明刮了坟上土，大风刮到四十五。"农家犹多占验。（《京都风俗志》）

清明即寒食，又曰"禁烟节"，古人最重之，今人不为节，但儿童戴柳，祭扫坟茔而已。世族之祭扫者，于祭品之外，以五色纸钱制成幡盖，陈于墓左。祭毕，子孙亲执于墓门之外而焚之，谓之"佛多"，民间无用者。（《燕京岁时记》）

清明新茶

《燕京春咏》有云："春店烹泉开锦棚，日斜宫树散啼莺。朝来慢点黄柑露，马上新茶已入京。"故事，茶纲入京，各衙门献新茶，今尚循故事，每值清明节，竞以小锡瓶贮茶数两，外贴红印签，曰"马上新茶"，时尚御皮衣啜之，曰"江南春色至矣"。（《西河诗话》）

清明城隍庙

《南城隍庙》云："神庙还分内外城，春来赛会盼清明。更兼秋始冬初候，男女烧香问死生。"（《都门杂咏·古迹》）

有署名㤞尘者，著《都门清明竹枝词》九首，并加略注，录之可以概见都门敝俗之一斑。

其一云："真个销魂是帝京，喜逢上巳恰清明。城隍庙里南谟拜,一炷馨香玉手擎。(丙辰三月三日,值清明节,都门旧俗,例往邑庙拈香,求神庇佑,颇极一时之盛,而妇女尤诚。)"

其二云:"十分春色上眉梢,粉面油头卖弄娇。跪罢也如西子捧,目成羡煞踏歌曹。(粉白黛绿,艳抹浓妆,大有顾影自怜之态,一般登徒子,蜂狂蝶逐,伫俟途旁,逆目横波,不自知其丑也。)"

其三云:"红袖轻盈奠酒浆,迎神何幸近堂皇。张牙舞爪金吾子,不护间阎护粉妆。(进香多良家子女,戎装叱咤者,保护不遑,缘庙内即警察署,故取缔颇严,登殿礼像,须眉无分焉。)"

其四云:"车走雷声马似龙,相逢一笑兴匆匆。陶然亭上萧条甚,不及阎罗庙食丰。(香车宝马,络绎如云,少艾王孙,多情送盼,而陶然亭相距咫尺,独无命驾一览者,俗可知矣。)"

其五云:"舞蝶纷飞化纸钱,谁家少妇哭坟前?行人轻薄争相谑,笑谓嘤嘤似杜鹃。(时有青年女子,缟裳淡服,泣吊于白杨黄土间者,狂奴见而嘲之,谓为呖呖莺声,煞可动听。)"

其六云:"老衲南摩貌亦恭,欢迎都为子孙铜。千声太太万声福,故献殷勤近玉容。(寺僧好货,见大家妇女至,则合十而前,力求布施,猥琐龌龊之状,令人齿冷,而鼠目灼灼尤可怪焉,子孙铜即迷信家所谓香火资，或周济贫寒，为儿孙祈福者也。）"

其七云："荒冢累累触眼惊，生刍一束泪盈盈。临风吊鬼儿何解？翻问阿爷作么生。（邑庙一带，荒凉寂寞，为城外义葬之所，断碑残碣，卧没于荆棘泥壤间，在在引人悲悒，而儿童无知，反于此嬉笑跳舞，致扫墓者为之破涕。）"

其八云："香厂蟠桃莫漫夸，黑窑游屐斗纷华。谁知芳草香妃墓，却在荒凉南下洼。（邑庙在南下洼，与陶然亭畔之香妃冢相去密迩，踏青于此者，竟不知有古迹，良堪浩叹，黑窑厂亦与该处毗连，蟠桃宫在东便门内，近日亦点缀佳节，犹新年之白云观也，香厂亦外城赛集之所，今已改新开街矣。）"

其九云："社会教休说改良，破除迷信费平章。苍生不问亲神鬼，毕竟春明五色光。（京师为国之首都，种种陋俗，反甚他处，有司漫不加禁，岂改良社会之道耶？）"（《续都门趣话》）

三月初卖藕

"藕来哎，白花藕来。"注云："温泉藕，三月初便卖。"（《一岁货声·三月》）

上巳迎祥

每遇上巳日,令诸嫔妃祓于内园迎祥亭漾碧池,祓毕,则宴饮于中,谓之"爽心宴"。池之旁一潭,曰"香泉潭"。至此日,则积香水以注于池,池中又置温玉狻猊、白晶鹿、红石马等物,嫔妃浴澡之余,则骑以为戏,或执兰蕙,或击球筑,谓之水上迎祥之乐。(《元氏掖庭记》)

三日修禊

三月三日,风和景丽,载酒郊游,有古修禊遗风焉。(《舆地记》)

三日射兔

辽俗,三月三日,以木雕为兔,分两朋,走马射之,先中者胜,负者下马,跪进胜者酒,胜者于马上接酒饮之。(《燕京杂记》)

初三蟠桃宫

"蟠桃宫里看烧香,(蟠桃宫在东便门内。)顽耍河沿日正长。童冠归来天尚早,大通桥上望漕粮。"(《京都竹枝词·名胜》)

三月

《蟠桃宫》云:"三月初三春正长,蟠桃宫里看烧香。沿河一带风微起,十丈红尘匝地飏。"(《都门杂咏·古迹》)

《蟠桃宫》诗云:"暮春天气最和清,如蚁游人夹岸行。多少仙姬争艳冶,不知谁是许飞琼。"(《都门赘语》)

三月三日,相传为西王母蟠桃会之期,东便门内太平宫,俗呼蟠桃宫,所居羽士,修建佛事,自初一至初三日庙市,士女拈香,游人甚众,轻浮纨绔之徒,于郊野驰马驱车,往来冲跑,以夸奇斗胜为乐。(《京都风俗志》)

蟠桃宫,东便门内桥南太平宫俗名,每岁三月初一至初三日有庙市。(《京师地名对》注)

太平宫在东便门路南,门临护城河。因庙内有西王母之像,故曰"蟠桃宫"。每届三月,自初一日起,开庙三日,游人亦多。然较之白云观等,则繁盛不如矣。(《燕京岁时记》)

太平宫在东便门内，庙极小。岁上巳三日，庙市最盛。盖合修禊、踏青为一事也。地近河堧，了无市哄，春波泻绿，软土铺红，百戏竞陈，大堤入曲，衣香人影，摇飏春风，凡三里余。余与续耻庵游此，辄叹曰："一幅清明上河图也。"按查业昌诗有云："正是兰亭修禊节，好看曲水丽人行。金梁风景真如画，不枉元宫号太平。"国初已然矣。（《天咫偶闻》）

蟠桃宫在东便门内，上巳良辰，倾城士女，縠击肩摩，或挟所欢，或偕巾友，小溪左右，声色顿喧。宫后有广场，五陵豪贵，畿辅游侠，咸盛饰名骥，驰逐于香尘软草间，竞夸捷足，博得美人芳彩，未尝非众香国中之一段韵事也。（《京华春梦录》）

三月里三月三，蟠桃宫外好人烟，作买作卖人人乱，各样玩艺摆的全，冰盘球棒跑旱船，跑热车，一溜烟，睄看人儿站立两边，车上挂着一串大沙雁，扬扬得意跑的欢，车沿上跨着一个小丫环。（北平俗曲《十二景》）

初三栽壶卢

俗谓栽壶卢者，必于三月三日下种，否则积实不繁。（《燕京岁时记》）

初四换衣

三月初四日,宫眷内臣换穿罗衣。清明,则秋千节也,带杨枝于鬓。(《酌中志》)

初旬食榆荚

三月初旬,榆荚方生,时官厨采供御馔,或和以粉,或和以面,内直词臣每蒙赐食。(《人海记》)

十八戏子会

"都言戏子会(三月十八日大会)当看,抬阁中幡也壮观。(京城大会,必有中幡,名曰幡鼓齐动。)恶少花娘齐乱挤,不兴讼狱看来难。"(《京都竹枝词·游览》)

三月十八日,诸旦色赛会迎神,曰"相公会"。(《金台残泪记》)

二十前后换帽

每至三月,换戴凉帽,八月换戴暖帽,届时由礼部奏请。大约在二十日前后者居多。换戴凉帽时,妇女

皆换玉簪；换戴暖帽时，妇女皆换金簪。（《燕京岁时记》）

换季：白锋毛后，换灰鼠袍褂，染银鼠冠；换银鼠袍褂，毡冠，绒领，白袖头；换珍珠毛袍褂，骨种羊冠；换绵袍褂，纵线冠；换夹袍褂，绒冠，缎领，章绒，在绵夹之间；换单袍褂，呢冠。每至三月二十前后，换戴凉帽。（《春明采风志》）

二十八祭岳庙

三月二十八日，燕京祭岳庙，民间集众为香会，有为首者掌之。盛设鼓乐旗幡，戴甲马，群迎神以往，男妇有跪拜而行者，名曰"拜香"。（《宛署杂记》）

二十八日，东岳庙进香，吃烧笋鹅，吃凉饼，糯米面蒸熟加糖碎芝麻，即糍巴也。吃雄鸭腰子，大者一对可值五六分，传云食之补虚损也。（《酌中志》）

三月二十八日，东岳庙帝诞辰，都人陈鼓乐旌帜楼阁亭彩，导仁圣帝游，帝之游所经，妇女满楼，士商满坊，肆行者满路，骈观之。帝游聿归，导者取醉松林，晚乃归。

二十八日东岳神圣帝诞,倾城趋齐化门,鼓乐旗幢为祝,观者夹路。(《帝京景物略》)

三月二十八日,都人例祷东岳庙,在东便门外,乘舆杂出,时不能辨。(《查浦辑闻》)

二十八日东岳诞辰,太常寺致祭,民间多结香会,盛陈鼓乐,旗幢前导,亦有装小儿为故事,名台阁者,以彰祭祀之仪,观者夹路。(《康熙宛平县志》)

三月十五日起,朝阳门外东岳庙,日日士女拈香、供献、放生、还愿等诸善事,及各行工商建会,亦于此庙酬神,盖此庙水陆诸天神像最全,故酬神最易。至二十八日,为东岳齐天圣帝生辰,特建掸尘等会,其游人与修善事者,较平日称为更甚。(《京都风俗志》)

东岳庙在朝阳门外二里许。除朔望外,每至三月,自十五日起,开庙半月。士女云集,至二十八日为尤甚,俗谓之"掸尘会",其实乃东岳大帝诞辰也。(《燕京岁时记》)

四 月

四月全月

欧阳原功《渔家傲》词："四月都城冰碗冻，含桃初荐瑛盘贡。南寺新开罗汉洞，伊蒲供，杨花满院莺声弄。　　岁幸上京车驾动，近臣准备銮舆从。健德门前飞玉鞚，争持送，葡萄马乳归银瓮。"（《圭斋集》）

四月初一日，戒坛开，城中人多往西山。初八日，各寺浴佛。十三日，上药王庙。诸花盛发，白石庄、三里河、高梁桥外皆贵戚花场，好事邀宾客游之。（《北京岁华记》）

四月初四日，宫眷内臣换穿纱衣。钦赐京官扇柄。牡丹盛后，即设席赏芍药花也。初八日，进不落夹，用苇叶方包糯米，长可三四寸，阔一寸，味与粽同也。是月也，尝樱桃，以为此岁诸果新味之始。吃笋鸡，吃白煮猪肉，以为冬不白煮夏不燂也。又以各样精肥肉、姜、蒜剉如豆大，拌饭，以莴苣大叶裹食之，名曰"包儿饭"。造甜酱、豆豉。初旬以至下旬，耍西山香山、

碧云寺等，要西直门外之高梁桥，涿州娘娘、马驹桥娘娘、西顶娘娘，进香。（《酌中志》）

四月一日至八日，游戒坛、潭柘、香山、卧佛、碧云、玉泉、天宁寺诸名胜，为浴佛会也。十日至十八日，游高梁桥西顶，草桥之中顶，弘仁桥、里二泗、丫髻山，为碧霞元君诞也。（《康熙宛平县志》）

《燕台新月令·四月》云："是月也，民禁屠，佛豆出，芍药王于街，茉莉出窖，马虎卖，戒坛开，酒肆临池，妓携伴了愿，兰蕙来。"（《水曹清暇录》）

四月初一日至十五日，蓝靛厂广仁宫进香，西直门外万寿寺有庙市。初八日，各寺浴佛，人家煮青黄豆结缘。二十八日游北顶。（《天咫偶闻》）

四月初一日游西山（亦名妙高峰），山有天仙圣母庙，同治间，孝钦后曾为穆宗祈痘于此，先期预诏庙祝，必俟宫中进香后，始行开庙，谓之头香。初一日至十五日，蓝靛厂广仁宫进香，游西直门外万寿寺。二十八日游北顶。（北方多山，庙必在山极顶，连类而及，故谓庙亦曰顶。）（《清稗类钞》）

四月初一日起,妙峰山开庙半月。开庙前有雨者,谓之"净心雨"。香火之盛,甲于天下。庙址虽属昌平,而平市之往拈香者,昔时真有万人空巷之势,今非昔比也。初八各寺浴佛,曰"浴佛会",佞佛者于是日济贫、放生,并取青黄豆数升,宣佛号而拈之,拈毕煮熟,散之市人,谓之"舍缘豆"。受者亦每食一豆一念佛,谓可结来世缘,他生不为人所弃。是月也,榆夹生,居民多取以和糖面,蒸食之,曰"榆钱糕"。又以玫瑰、藤萝等花和糖为馅,蒸饼食之,曰"玫瑰饼""藤萝饼"。(《民社北平指南》)

四月食青蒿

青蒿为蔬菜,四月食之,三月则采入药为茵陈,七月小儿取作星灯。谚云:"三月茵陈四月蒿,五月六月砍柴烧。"(《帝京岁时纪胜》)

四月榆钱糕

是月,榆初钱,面和糖蒸食之,曰"榆钱糕"。(《帝京景物略》)

三月榆初钱时,采而蒸之,合以糖面,谓之"榆钱

糕"。四月以玫瑰花为之者,谓之"玫瑰饼";以藤萝花为之者,谓之"藤萝饼",皆应时之食物也。(《燕京岁时记》)

四月花事

景陵钟惺《四月三日杨修龄侍御游宴海淀园》诗:"燕地三四月,江南二月时。物色淹春寒,此时方妍凄。岂曰桃李后,遂无莺花期。所以临眺事,首夏正攸宜。"(《帝京景物略》)

四月末,花事将阑,易增惆怅。惟柳阴中莺声婉啭,如鼓笙簧,殊有斗酒双柑之乐。惟月余则去,不能久住耳。古诗云"黄栗留鸣桑椹美",黄鹂既鸣,则桑椹垂熟,正合今京师节候。(《燕京岁时记》)

四月樱桃

四月尝樱桃,以为一岁诸果新味之始。取麦穗煮熟,去芒壳,磨成条,食之,名曰"捻转",以为一岁五谷新味之始。(《烬宫遗录》)

四月中,芦笋与樱桃同食,最为甘美。古诗云"芦

笋生时柳絮飞，紫樱桃熟麦风凉"，均与今京师时令最为符合。（《燕京岁时记》）

樱桃、朱樱、蜡樱。方言谓带把为樱桃，无把为山豆。立夏见樱桃，小满见山豆。豆出十三陵者色紫味甜，未出北道者色白。（《春明采风志》）

四月牡丹

黎士弘《燕京四月歌》："牡丹四月贱如黄，十五青铜买两枝。"（《托素斋诗集》）

四月玫瑰芍药

云："花儿呀，玫瑰花呀，抓玫瑰瓣。"又云："芍药来，杨妃来，赛牡丹来，芍药花……"注云："杨妃，傻白，千叶莲，南红。"（《一岁货声·四月》）

京城四月间，芍药开时，卖花者到处成市。（《京师地名对》注）

玫瑰，其色紫润，甜香可人，闺阁多爱之。四月花开时，沿街唤卖，其韵悠扬。晨起听之，最为有味。芍药乃丰台所产，一望弥涯。四月花含苞时，折枝售卖，遍历城坊。有杨妃、傻白诸名色。是二花者，最为应序，虽加以燃煜之力，不能易候而开，是亦花中之强项令也。（《燕京岁时记》）

玫瑰来自北山玫瑰沟，畏冬风，故种沟中，种平处须冬埋之。四月花开，沿街唤卖。（《春明采风志》）

四月凉炒面

四月麦初熟时，将面炒熟，合糖，拌而食之，谓之"凉炒面"。（《燕京岁时记》）

四月北顶

北顶碧霞元君庙在德胜门外土城东北三里许。每岁四月有庙市，市皆日用农具，游者多乡人。东顶在东直门外，与北顶同。（《燕京岁时记》）

立夏卖冰

立夏日启冰，赐文武大臣，编民得卖买，手二铜盏

叠之，其声"磕磕"，曰"冰盏"。冰着湿乃消，畏阴雨天，以棉衣盖护，燠乃不消。（《帝京景物略》）

吴伟业《冰》诗有云："清浊看都净，长安唤买冰。见来消易待，欲问价偏增。"（《梅村家藏稿》）

黎士弘《燕京四月歌》："深黄杏子砌雕盘，烛焰青青照酒竿。一簇歌声催月出，小姑冰盏欲敲残。"（《托素斋诗集》）

王士禛《都门竹枝词》："曾向西山见甓凌，于阗白玉色崚嶒。樱桃已过茶香减，铜碗声声唤卖冰。"（《渔洋诗集》）

"儿童门外喊冰核，（京师读其音曰'冰壶'，从方言也，但其声娇细可听。）莲子桃仁酒正沽。西韵《悲秋》书可听，（子弟书有东西二韵，西韵若昆曲，《悲秋》即《红楼梦》中黛玉故事。）浮瓜沉李且欢娱。"（《京都竹枝词·饮食》）

张维屏《买冰》诗："底用冲冲凿？凝然许静观。青铜才入市，白玉已堆盘。漫向夏虫语，恐惊秋士寒。朱门多酒肉，化臭此神丹。"（《松心诗集》）

彭蕴章《幽州土风吟·卖冰词》云："铜盘磕磕玉有声，寒食街前始卖冰。置君床头午梦清，牛家贺客冻且死。银壶登筵鼓翅起，墨痕点点污窗纸。污窗纸，麈尾挥，冰寒不及重帘垂。"（《松风阁诗钞》）

京都夏日，荷花最盛，御沟无处无荷，尤以金鳌玉崠为胜，不过遥望而已。德胜门内积水潭之荷，则可约客往观，且有酒家，买荷叶粥，清香可口。宴客之筵，必有四冰果，以冰拌食，凉沁心脾。且冰亦可以煮食，谓之'冰核'。冰核开后，儿童昇卖于市，只须数文钱，购一巨冰，置之室中，顿觉火宅生凉，余尝戏呼为水晶山，南中无此物也。（《忆京都词》注）

冰核：酷暑日，贫儿上窖戛冰，沿街卖之。硕亭诗谓"正阳门外喊冰核"，方言也。（《春明采风志》）

初一西顶

"欲游西顶（娘娘庙烧香必曰朝顶）顺长河，（此河通昆明湖。）一路楼台点缀多。万寿寺（在长河北岸）前须驻马，此中山子甚嵯峨。（相传张南垣所堆。）"（《京都竹枝词》）

张维屏《日下春游》诗："西顶嬉游盛，经旬兴未休。欢声哄车马，妙技幻婆猴。地狱从人看，尘心借佛收。困来无健者，虎饿亦垂头。"注云："见圈虎。"（《松心诗集》）

万寿寺在西直门外五六里，门临长河，乃皇太后祝厘之所。每至四月，自初一起，开庙半月，游人甚多，绿女红男，联蹁道路。（《燕京岁时记》）

初一妙峰山

《妙峰山》云："还愿西山去进香，人疑孝子为高堂。神前祷告低声语，却是娇妻病在床。"（《都门杂咏》）

"浊流谁肯挽狂澜？淫祀多多缕述难。独有妙峰尤显应，尿窝都是报恩潭。"（《都门新竹枝词·市井》）

京师西有妙峰山，绵亘数千里，高不可以寻丈计。山腰有庙，路极纡徐，由南而上，计程四十里。庙貌巍峨，金碧辉映。庙供天仙圣母，灵应素著，上而王公，下而士庶，奉之甚虔。每岁四月朔日开庙，望日始闭，半月中进香者，西直门起，终海淀，南至大觉寺，数十里，车殆马烦，络绎不绝。山上之路有二：北道距庙较近，径逼仄，下临无际，自上而下，壁立千仞，步履固难，由上而下，临崖勒马，收束尤不易，偶一失足，粉首碎身，土人以轿椅便客，四人舁之以行，时亦有倾跌之患，然男女老少来往不息者，固不畏也。其南道则途坦而远，相距五六里，即有茶棚小憩，所由上下，而至磨刀石，而双龙岭，而仙花洞，而大风口，而磕头岭，无不有茶棚瀹茗焉，棚内供庄严宝相，磬声清越，凡想顿消。过此，睹庙门，路仍缭曲，往复不可以一蹴几，檀烟缭绕，楮帛满积庭除，香客皆屏足息气，无敢少哗云。（《壶天录》）

京北妙峰山，香火之盛闻天下。陈文伯《颐道堂集》中有诗咏之。山有碧霞元君祠，俗称"娘娘顶"。岁以四月朔开山，至二十八日封山。环畿三百里间，奔走络驿，方轨叠迹，日夜不止。好事者联朋结党，沿路支棚结彩，盛供张之具，谓之茶棚，以待行人少息。食肆亦设棚待客，以侔厚利。车夫脚子竟日奔驰，得佣值倍他日。无赖子又结队扮杂剧社火，谓之赶会。不肖子弟多轻服挟妓而往。山中人以麦秸织玩具卖之，去者辄悬满车旁而归，以炫市人。（《天咫偶闻》）

四月初一至十五日，京西妙峰山娘娘庙，男女答赛拈香者，一路不断。由德胜门外迤西松林闸东，搭盖茶棚，以达山上，曲折百余里，沿途茶棚，凡十数处。其棚内供奉神像，悬挂旗幡，花红绫彩，外列牌棍庑钺。昼则施茶，夜则施粥，以备往来香客之饮。灯烛香火，日夜不休。助善人等，于焚香献供时，或八人，或六人四人，皆手提长绳大锣，约重数十斤，以小棒击之，其音如钟，声闻远近，在神前起站跪拜，便捷自若，其式同仪，其音同节，亦彼之小技也。至于施粥茶之际，数人同声高唱"虔诚太太们，落座喝茶喝粥"等辞，与钟磬之声，远闻数里，以令香客知所憩息。而香客多有裹粮登山，不但粥茶憩息得所，及遇风雨，亦资休避。其豪富者，乘车至山下，则易二人肩椅，谓之"爬山虎"。夜间灯笼火炬，照耀山谷。城内诸般歌舞之会，必于此月登山酬赛，谓之"朝顶进香"，如开路、秧歌、太少狮、五虎棍、杠箱等会。其开路以数人扮蓬头涂面，赤脊舞叉；秧歌以数人扮陀头、渔翁、樵夫、渔婆、公子等相，配以腰鼓手锣，足皆登竖木，谓之"高脚秧歌"；太少狮以一人举狮头在前，一人在后为狮尾，上遮阔布，彩色绒线，如狮背皮毛状，二人套彩裤作狮腿，前直上，后伛偻，舞动如生，有滚球戏水等名目；五虎棍以数人扮宋祖、郑恩等相，舞棍如飞，分合中式；其杠箱，一人扮幞头玉带，横跨杠上，以二人肩抬之，好事者拦路问难，则谑浪判语，以致众人欢笑。凡此等会，以曾经朝顶者为贵，外此则西直门外斗府闸之万寿寺、五塔寺等，及西山中碧云寺诸禅林名刹者，亦同时拈香，游人麇集于山水林木间，实京都一钜观也。（《京都风俗志》）

妙峰山，京西，山有娘娘庙，每四月初一至十五，昼夜香客不断。（《京师地名对》注）

妙峰山碧霞元君庙在京城西北八十余里，山路四十余里，共一百三十余里。地属昌平。每届四月，自初一日开庙半月，香火极盛。凡开山以前有雨者，谓之"净山雨"。庙在万山中，孤峰矗立，盘旋而上，势如绕螺。前可践后者之顶，后可见前者之足。自始迄终，继昼以夜，人无停趾，香无断烟，奇观哉！（《燕京岁时记》）

北平俗曲《妙峰山》云："有一位好善的贤良，心中只想把妙峰山上，老娘娘驾前去进香。清晨起唤海棠：'吩咐来喜与老王，叫他们速去套上车一辆，要大鞍儿搭后档，套上银骔子带着荔枝黄，支上宝蓝洋绉的过凉帐，倭缎围子亮纱窗。'吩咐已毕才把楼上，净面巧梳妆。这佳人打扮的齐整，时款相样，乌云巧挽，过梁的簪，金耳挖子玉扁方。穿一件绵纱的衬衣是绛色，周围的绦子把边厢，上套坎肩是虾青的线绉，时兴的顾绣八吉祥，带上金刻套的珐琅扁，登上薄底儿福字履一双。海棠回来忙跪禀：'诸样儿事俱已停当，请问太太往何处逛？奴才好去预备行囊，主人施恩赏一个地方。'大奶奶闻听他心中喜：'我许下愿朝顶进香快备行装，惟恐怕外面多寒冷，多带绵衣裳。早晨的点心也不用，只要一碗燕窝汤。伙食车叫他头里走，早斋就在八里庄。丫头们过来听吩咐，带着秋桂与兰芳；两个老妈足已够，就是冯嫂儿和老黄。借此为由我逛一荡，散闷乐非常。'急忙忙步出仪门将车上，头里的顶马在车傍，后面的仆从闹闹嚷嚷，蜂拥恰似一窝狼，车原代步如闪电，霎时来至八里庄。遇见了一当儿子弟顽艺，小广子的花砖与坛子王。村外的茶园都有雅座，款步走进小茶坊。众仆人才忙设酒宴，各肴馔摆列成行。用毕之时才写上账，一路走慌忙。不一刻来至了三家店上，丫鬟传说找地方，大奶奶有话喝干榨，仆从个个尽着忙，拣了一座清雅的干净茶馆，预备主人饮琼浆。迎面来了少林的五虎棍，人烟拥挤，尘垢飞扬，好乐的接住说赏个脸儿，要的是对棍对刀与对枪。东马市的狮子又来到，探海摔山带着蹲房。这佳人才轻舒玉腕慢饮茶汤，眼望着一片汪洋，款步出茶舍，坐在椅子上，别名

四 月

叫爬山虎，抬的更稳当。刚刚儿才把浮桥上，'你们听吩咐，别要走慌忙，今年我头一荡，这可怕的慌，这河水好似芝麻酱'。过河上了岸，来至陈家庄，路北有茶棚，磬声儿当啷啷，道了个虔诚把香降，拿出了万人缘，会头拜求央，众人是圣人，行善的姓名香，预备下粥茶接来往，大奶奶善心动，接下了八百张，一个银一两，这还不算强，问明了门氏将斋让，来至西北涧，布施了银一箱。过了十八盘，阴山要歇凉，水泉的都管齐来看望，桃园走了半晌，过去到南庄，来往的人不少，个个都请着香，樱桃沟花炮天天儿放。天气不早了，不久落太阳，找房歇歇气儿，肚子里饿的荒，伙食盒子齐都摆上，饱餐了一顿，复又走慌忙，来到仰山寺，供得是药王，此处必须将香降，拳膝忙跪倒，求告'老灵光，叩首三进礼，弟子本姓郎，保佑我一生长无恙'。举步往前走，瞧见事儿一桩，浑身三道锁，为母去拜香。孟常岭不远真可逛，看见香风岭，山高路又长，来至涧沟内，松棚要撑香，听见了秧歌在茶棚里唱，佳人说：'咱们快着往前走，看一看那热闹排场。'只听见鼓旋打得是'一等一'，小二哥唱的是喝喝腔，忽听那边又来了会，中幡跨鼓合杠箱，这一样儿我从没见，骑着竹杆子喜乐非常，手内拿着一柄垂金扇，衙役三班闹嚷嚷，后面二人抬着木柜，上面系着赤金铃铛，个个儿好似疯狂。看罢了一回才将山上，诚心顶礼去进香，可想着灵官殿上是头一束,上去再拜老娘娘,来至山门忙下轿,从新复又整梳妆,傅老的杠子也来到,盘的是掖脖子倒挂紫金梁。这奶奶上了丹墀忙跪倒,吩咐丫鬟忙焚香,这一个献上白檀与紫降,那一个火燃了真藏香,这佳人他忙取签筒祝告:'娘娘,发慈悲保佑弟子百岁成双。'求了一支'上上上',一世永安康。"(《百本张钞本马头调》)

善会又名文会,每值妙峰山庙会时,北平慈善家组织大规模之善会沿路分设下处,以供香客休息之所。善会名目有八九种,兹述如下:

(一)粥茶老会,专施粥施茶,所搭茶棚甚多,备香客人等之需要,粥茶棚内供娘娘驾(即布质图画),施粥茶者皆身穿黄衣,并呼口号,如:"先参驾来,然后再喝粥来,哎哎!"香客入棚参驾后,即随意取粥取茶食用,作临时休息,夜间并可住宿。

(二)献盐老会,此会备有大批官盐,在山道各茶棚中,随时供献盐食,以备茶棚中应用,及香客在善会之有施助者,在茶棚中亦可随时用饭,故此种盐食,在山道上甚为需要。

(三)拜席老会,此会备有新席若干领,施给茶棚,如瞻拜用,香客之睡眠,各棚之贴补等,需用甚广,有此会则大感便利矣。

四月

（四）巧炉老会，此会为旧京之锔碗的所合组而成者，在山上专修各茶棚之碗具，及各磁器之破烂者。

（五）茶叶老会，此会备有大批茶叶，供给各茶棚，以便香客之饮用。

（六）盘香老会，此会备有各种大香盘，除自供外，并在各茶棚悬挂，每盘燃点数日。

（七）缝绽老会，此会为旧京之皮匠所组合而成，在山道傍立候香客之鞋破者，担任缝补，概不收费。

（八）燃灯老会，此会备有大批纸灯笼及蜡烛，除担任山路之燃灯外，并随时施给茶棚香客灯笼蜡烛。

（九）除以上八会，当年丰的时代，尚有一种馒头会，似附属于粥茶棚内，香客入饮粥茶之时，并施馒头，任香客取用，惟此会须有较多之资本，皆赖各大善士布施，近年则施主零落，已无此会矣。

各善会皆有会规，在山上取合作精神，互助帮忙，于接交之际，各道"虔诚"，每善会俱有会号，如"子孙""万代""公益""长善"等词，事虽涉迷妄，然亦末俗中所仅见者欤。（《民社北平指南》）

中顶、西顶、南顶皆有祀神之会，而四月妙峰山之娘娘顶，则香火之盛，闻于远迩，环畿三百里间，奔走络绎，方轨叠迹，日夜不止。好事者沿路支棚结彩，盛供张之具，以待行人少息，辄牟厚利。车夫脚子竟日奔驰，得佣值倍他日。而乡社子弟又结队扮演灯火杂剧，藉娱神为名，歌舞于途，谓之"赶会"。会期之前，近畿各乡城镇，皆有香会之集团，首事者制本会之旗，绣某社名称，旗后则金漆彩绘之笼槛，以数人担之而行，笼上缀彩旗鸾铃，导以鼓锣，担者扎黄巾，衣黄色褂，喧然过市。凡在会之户，闻声纳香烛茶资如例，首事则簿记之，至期香客入山，各认所隶之旗，趋入队中，一切瞻拜、休息、饮食、住所由首事者指导招待，诚敬将事，从无欺蒙之弊，故旗字均标明"某某老会"云。凡祭赛事毕，先后散，于庙内外肆摊购绒绫花朵，插帽而归，谓之"戴福"。遥望人群，则炫烂缤纷，招颭于青峰翠陌间，其风物真堪入画也。(《旧都文物略》)

初一丫髻山

四月初一日，礼神于通州丫髻山。(《金台残泪记》)

丫髻山，京东，山有娘娘庙，每四月初一至十五，香火极盛。(《京师地名对》注)

丫髻山碧霞元君庙在京城东北怀柔县界，每至四月，自初一日起，开庙半月，繁盛亚于妙峰，而山景过

之。都人谓之东山。(《燕京岁时记》)

八日食不落夹

先是,四月八日,梵寺食乌饭,朝廷赐群臣食不落夹,盖缘元人语也。嘉靖十四年,始赐百官于午门食麦饼宴。(《燕都游览志》)

朝廷每年四月八日,赐百官午门外食不落夹。曹御史宏云:"是面食也。"医官张天民云:"即今之粽子。"(《戒庵漫笔》)

八日赶秋波

四月八日,燕京高梁桥碧霞元君庙,俗传是日神降。倾城妇女往乞灵,祈生子。西湖、玉泉、碧云、香山游人相接,又傍近有地名秋波,都中伎女竞往逐焉,俗云"赶秋波"。(《宛署杂记》)

八日浴佛会

高梁桥北,精蓝棋置。每岁四月八日为浴佛会,幡幢铙吹,蔽空震野,百戏毕集。四方来观,肩摩毂击,

浃旬乃已，盖若狂云。（《长安客话》）

彭蕴章《幽州土风吟·浴佛日》云："佛本清净身，土木招埃尘。尘污土木非污佛，浴佛奔走寻常人。寻常人，慕玄妙，不诵药师经，空诣药王庙。药王庙前桃李开，折花一枝骑马回。"（《松风阁诗钞》）

八日耍戒坛

四月八日，耍戒坛，游香山、玉泉，茶酒棚、妓棚周山湾涧曲。闻初说戒者，先令僧了愿如是。今不说戒百年，而年则一了愿。（《帝京景物略》）

都中遗老，述万历间西山戒坛，四月游女之盛，钿车不绝，茶棚酒肆接于路，至有挟妓入寺者，一无名子嘲以诗云："高下山头起佛龛，往来米汁杂鱼篮。不因说法坚持戒，那得观音处处参？"（《辛斋诗话》）

八日结缘豆

四月八日舍豆儿，曰"结缘"，十八日亦舍。先是，拈豆念佛，一豆号佛一声，有念豆至石者，至日熟豆，人遍舍之，其人亦一念佛啖一豆也。凡妇不见容于

夫姑婉若者，婢妾摈于主及姥者，则自咎曰："身前世不舍豆儿，不结得人缘也。"（《帝京景物略》）

京师僧俗念佛号者，辄以豆识其数，至四月八日，佛诞生之辰，煮豆，微撒以盐，邀人于路，请食之，以为结缘也。（《燠志》）

四月八日，都人煮豆，任人掬取之，谓之"结缘"。（《查浦辑闻》）

京都浴佛日，内城庙宇及满洲宅第，多煮杂色豆，微漉盐豉，以豆箩列于户外，往来人撮食之，名"结缘豆"。（《余墨偶谈》）

四月八日，都人之好善者，取青黄豆数升，宣佛号而拈之。拈毕煮熟，散之市人，谓之"舍缘豆"，预结来世缘也。（《燕京岁时记》）

八日放生

南城悯忠寺，岁之四月八日，为放生大会，豪商妇女，显官妻妾，凝妆艳服，蜂屯蚁集，轻薄少年，如作狭邪之游，车击毂，人摩肩。寺僧守门，进者索钱二百，否则拒之，于是品绿题红，舃交履错，遗珠落翠，粉荡脂流，招提兰若，竟似溱洧濮上矣。寺僧又于妇女所携之小儿女，各与一扑满，诱他带回，满载，令明年赴会输之，以是一日间获金至数千，其谓放生大会者，仅买数雀放之，实则一无所观。后有某御史陈奏禁之，遂绝。（《燕京杂记》）

八日善会

"堪笑时逢芍药开，上方善会请将来。（丰台芍药四月盛开，长老请善会都于此月，近将为例。）禅堂酒肉公然吃，（名曰斋，其实则荤菜、烧酒、切面。）二百猴头是善台。（京师风俗，制钱一文名曰二文，二百钱则四百矣。赴会者名为善台，不过制钱二百，携去便吃面矣，名曰会印钱。近日皆呼之为猴头，不知何解，可笑。）"（《京都竹枝词·风俗》）

"善会心忧客不来，写明三庆与春台。秃驴那解人难受，也向人前敬一杯。"（《都门竹枝词·时尚》）

方朔《善会戏》诗："新春初届天气鲜，会馆处处开歌筵。先宴师长后朋友，衣冠揖让何周全。不谓末流堕淫乱，妖僧邪道借此敛金钱。初探饭庄空，再访梨园暇。每先十日奔如飞，檀越家家将帖下。相识固尔来优游，因友及友还转求。最难入座无分判，男妇倡优共一流。始绕阑干问坐次，继隔几席相递酬。当其人满去之远，此可逃筵彼下楼。鼓声重，金声高，目成眉语将心交；丝声柔，竹声轻，口讲指画如约成。风狂还有淫哇剧，每到摹微入细绝，似歌而和者几千人。尔时主人在何所？缁帽黄冠将客数。可怜合掌念弥陀，拜得善男兼信女。座中岂无一二出良家，至此难分洁与瑕。含羞纵自抽身早，尾后多随恶少车。我闻醨酤鼓舞《小雅》教，酒食礼乐西京诏，劳苦歌咏自有时，善会如斯真可悼。悼不得，乐宜终，有人相背消冬烘。试看歌舞升平地，竟有桑间濮上风。"（《金台游学草》）

《善会》云："善会年年寺观开，红笺请客共施财。住持平日交游广，早有娼优凑份来。"（《都门杂咏》）

北平俗曲《阔大奶奶出善会》云："这一天正是四月初八日，庵观寺院都办佛事，尼姑庙里摆席筵，请的是些个大门子，指佛吃饭，赖佛穿衣，叫下了字号徽班儿一台戏，善会办的出奇。大奶奶清晨早起，梳洗已毕，换上了出门儿的新衣，先用了些个早东西，问管家：'都是派了谁跟去？只要两个丫头，四个小厮。'

预备带了去的东西样样齐，凉扇打扇，烟袋荷包，槟榔烟料，鼻烟壶儿，牙签子，手帕绢子，饭单，手盒儿，唾沫盒儿，漱口盂，两个洋表是一对，对准了的。先送了去的是靠背引枕胖褥子，一大包袱是换替的衣，不过是些雨缎毡毛大小呢，真乃是大家子的势派，吹口之力，件件都整齐。后档车早卸在门洞儿里，仆妇丫鬟搀扶上车，去两三个小厮搭车，穿上搭腰，套上骡子，赶车的拴好了夹板子，跟随的后面把小车儿上，赶车的拉着小拴儿带骡子，一边儿一个是个双飞雁儿，一炷香风摆荷叶卧腿儿如飞，走的俏皮。一霎时过巷穿街，展眼工夫，前面便是尼姑寺，说：'勒住罢，骡子脚急。'大奶奶下车进了寺，尼姑迎接打问心，好规矩。大奶奶忙令交香资，尼姑接过道谢毕，又请大奶奶上殿去，参拜佛像，瞻仰神祇，又给姑子写了布施，出来归座安席。三出神戏听毕，早饭吃些，不过是点景而已。漱口喝茶，听几出戏，又到屋里去更衣，略养一会儿精神，又要梳洗整理，从新入座，摆酒安席。尼姑带着小孩子，呈上戏单：'求奶奶赏脸点几出唱去，要合奶奶的式，承应的好好儿的。'大奶奶带笑说是：'会事儿不当家的，随便去唱罢我听着。'那小旦打着千儿总不起，说：'奶奶赏个脸儿，奴才们好好儿巴结差使。'大奶奶脸上觉得过不去：'你说叫他们唱一出《戏凤》，一出《救主》，一出《佳期》，唱好了赏东西。'小旦磕头，手捧牙笏才站起，大奶奶说：'好个孩子有出息！又有伶机，又有规矩，可惜了儿的唱了戏，白长的粉团花儿似的。'叫丫鬟，把带来的赏赐，齐理齐理，预备彩桌子。班儿里见赏先唱点的戏，唱完时，大奶奶吩咐给赏用的东西，家下人搭桌子，各样尺头缎子紬子荷包，封儿里是十几两银子，等着他们谢了赏，然后起席，尼姑相送，丫头们搀架扶持，大奶奶上车回家去。改日尼姑道乏取布施。"（《百本张钞本马头调》）

十八弘仁桥

岁四月十八日，弘仁桥元君诞辰，都士女进香。先期，香首鸣金号众，众率之，如师，如长令，如诸父兄。月一日至十八日，尘风汗气，四十里一道相属也。舆者，骑者，步者，步以拜者，张旗幢、鸣鼓金者。舆者，贵家、豪右家。骑者，游侠儿、小家妇女。步者，婆人子，酬愿祈愿也。拜者，顶元君像，负楮锭，步一拜，三日至；其衣短后、丝裤、光乍袜履，五步、十步，至二十步拜者，一日至。群从游闲，数唱吹弹以乐之。旗幢鼓金者，绣旗丹旐各百十，青黄皂绣盖各百十，骑鼓吹，步伐鼓鸣金者，称是。人首金字小牌，肩令字小旗，舁木制小宫殿，曰"元君驾"，他金银色服用具，称是。后建二丈皂旗，点七星，前建三丈绣幢，绣元君号。又夸儇者，为台阁，铁杆数丈，曲折成势，饰楼阁、崖木、云烟形，层置四五儿婴，扮如剧演。其法，环铁约儿腰，平承儿尻，衣彩掩其外，杆暗从衣物错乱中传。下所见云梢烟缕处，空坐一儿，或儿跨像马，蹬空飘飘，道傍动色危叹，而儿坐实无少苦。人复长竿掇饼饵，频频唉之。路远，日风暄拂，儿则熟眠。别有面粉墨，僧尼容，乞丐相，遏妓态，憨无赖状，间少年所为喧哄嬉游也。桥边列肆，挎面角之，曰"麻胡饧"。和炒米圆之，曰"欢喜团"。秸编盔冠幞额，曰"草帽"。纸泥面具，曰"鬼脸、鬼鼻"。串染鬃鬣，曰"鬼须"。香客归途，衣有一寸尘，头有草帽，面有鬼脸，有鼻，有须，袖有麻胡，有欢喜团。入郭门，轩轩自喜，道拥观者啧啧喜；入门，翁妪妻子女旋旋喜绕之。然或醉则喧，争道则殴，迷则失男女，翌日，烦有司审听焉。

四月一日至十八日，倾城趋马驹桥，幡乐之盛，一如岳庙，碧霞元君诞也。（《帝京景物略》）

"西山（天台山与妙峰山）香罢又东山，桥上（弘仁桥俗名马驹桥，桥头有娘娘庙，故俗呼为桥上）娘娘也一般。道个'虔诚'即问好，人人知是进香还。"（《京都竹枝词·游览》）

二十二城隍出巡

二十二日，城内宛平县城隍神为出巡之日，官隶迎祭，准令士女拈香，县役扮判官鬼卒，抬神游街，故谓之出巡。或枷锁红衣为罪人者，或露臂挂灯者，或扮马童者，还愿酬赛以答神庥者，种种异常，鼓乐笙簧，喧震数武，观者丛头，挥汗如雨，竟日始散。二十九，大兴县城隍神亦如此仪。（《京都风俗志》）

二十八药王庙

二十八日，药王庙进香。吃白酒、冰水酪，取新麦穗煮熟，剁去芒壳，磨成细条食之，名曰"稔转"，以尝此岁五谷新味之始也。（《酌中志》）

四五月交卖茉莉

长安四五月之交，市上担卖茉莉，清远芬馥。冬月盆盎种丁香花，花小而香，结子，鸡舌香也。丁香花不甚翦佩，惟茉莉花雅客以点茶，妇人以耀首，为用百端矣。（《旧京遗事》）

五月

五月全月

欧阳原功《渔家傲》词:"五月都城犹衣夹,端阳蒲酒新开腊。月傍西山青一掐,荷花夹,西湖近岁过苕雪。　血色金罗轻汗拓,宫中画扇传油法。雪腕彩丝红玉甲,添香鸭,凉糕时候秋生榻。"(《圭斋集》)

五月朔日至旬杪,女儿艳衣,戴花满头。五日前,民间不得市苏州席子。端午,用角黍、杏子相遗,挈酒游高梁或天坛,坛中有决射者,盖射柳遗意,薄暮争门入。无赖子弟以是日刺臂作字,或木石鸟兽形。民间是日生子,束一木或荆条祭于堂,斩其木五六尺许,祝曰:"如是止,勿长抵户。"(《北京岁华记》)

《燕台新月令·五月》:"是月也,灵符发,贩蒜有税,天坛摸壁,官捕蟾,城隍庙有市,神盆添水,甜瓜始脆,角黍弄丸。"(《水曹清暇录》)

五月初一日至初五,崇文门外游卧佛寺。初一日至初十日，都城隍庙庙市。初一日至十五日，南顶庙市。十三日十里河关帝庙进香。月坛外瓜市，至立秋止。沿街卖冰振酸梅汤，至七月。（《天咫偶闻》）

五月初一日至十五日游南顶（即碧霞元君庙，在永定门外），旧有九龙冈，环植桃柳，南邻草桥河，是日，游人辄就河上苇棚小饮，且有歌者侑酒。初一日至初五日游崇文门外卧佛寺。初一日至初十日游都城隍庙。十三日十里河关帝庙进香，游月坛外瓜市，至立秋止。（《清稗类钞》）

五月鲥鱼

何景明《鲥鱼诗》："五月鲥鱼已至燕，荔枝卢橘未应先。赐鲜遍及中珰第，荐熟谁开寝庙筵？白日风尘驰驿骑，炎天冰雪护江船。银鳞细骨堪怜汝，玉箸金盘敢望传。"（《何大复先生集》）

五月蔬果

京城五月，辐辏佳蔬名果，随声唱卖，听唱一声，即辨其为何物品，何人担市也。（《旧京遗事》）

五月窑台

瑶台即窑台,在正阳门外黑窑厂地方,时至五月,则搭凉篷,设茶肆,为游人登眺之所。(《燕京岁时记》)

五月清玩

京师五月榴花正开,鲜明照眼,凡居人等往往与夹竹桃罗列中庭,以为清玩;榴、竹之间必以鱼缸配之,朱鱼数头,游泳其中,几于家家如此。故京师谚曰"天篷鱼缸石榴树",盖讥其同也。(《燕京岁时记》)

五月玉米

五月,玉米初结子时,沿街吆卖曰"五月先儿",其至嫩者曰"珍珠笋",食之之法,与豌豆同。(《燕京岁时记》)

五月染指甲

凤仙花即透骨草,又名指甲草。五月花开之候,闺阁儿女取而捣之,以染指甲,鲜红透骨,经年乃消。(《燕京岁时记》)

夏至朝节

夏至日谓之"朝节",妇人进彩扇,以粉脂囊相赠遗。(《辽史·礼志》)

初一城隍庙庙市

庙市者,以市于城西之都城隍庙而名也。西至庙,东至刑部街止,亘三里许。其市肆大略与灯市同,第每月以初一、十五、二十五开市,较多灯市一日耳。今庙市以每岁五月初一日至初十日止,非复每月三日矣。(《宸垣识略》)

"西城五月城隍庙,滥贱纱罗满地堆。(庙外卖估衣者极多。)乡里婆娘多中暑,为穿新买估衣回。"(《京都竹枝词·游览》)

都城隍庙在宣武门内沟沿西,城隍庙街路北。每岁五月,自初一日起,庙市十日。市皆儿童玩好,无甚珍奇,游者鲜矣。(《燕京岁时记》)

北平俗曲《逛城隍庙》:"人心难料,地皮儿消薄,北京城内尽出土包,每逢庙季儿他就髦毛。(过板）（数唱）勾引那少年子弟，不把好学，也只因近来的风气，爱凑个热闹，山庙盛开，次第都接着睄，迨等到堪堪关闭，五月节又到了，城隍庙一开，分外的乱糟，作买和作卖，闹闹吵吵，男女混杂，胡闹糟糕，若问那如何的景况，听我从头儿说学。（叠断桥）掸尘看过了，嗳哎哟，初一先把香烧，嗳哎哟，沐浴斋戒，换上件花梢，这才是为还愿，必须得起个早，嗳哎哟，手中香点着，嗳哎哟，趁势儿又把签摇，嗳哎哟。城隍老爷也太心焦，为你们过不去节，也向我来祷告，嗳哎哟。老太太们都来了，嗳哎哟，小媳妇也跟着，嗳哎哟，未曾许愿碎嘴子唠叨。受他们一炷香，样样儿都得保，嗳哎哟。王二爷太蹊跷，嗳哎哟，赚人的法儿更高，嗳哎哟，靴帽拐棍儿外带着挂袍，都说他显神灵更比城隍好，嗳哎哟。（太平年）过午后，等会睄，游人来往势如潮，听着热闹，看着有限，太平年，比上那送殡分外的糟，年太平。驾一到，乱糟糟，势众人多不能细睄，最是那妇女不着调，太平年，跨在车沿把眼毒儿招，年太平。有扮鬼，也有插招，披枷带锁也都跟着，更有一等不害臊，太平年，得意洋洋把马童儿学，年太平。绕街走，太招摇，宛平县的城隍也涝道，一群老妈儿扶着轿，太平年，好像那嬷嬷把他跟着，年太平。（罗江怨）也有那拜香随会，扮像儿更彪，手拿板凳儿一步三摇，头上也把那红嗳红红绒儿俏。也有那贵官阔

五　月

老上庙把香烧，方靴纬帽，补褂长袍，有玷官箴他还不嗳不不着要。也有那良家的少妇，脸皮儿又薄，未尝游惯，心里发毛，一经人瞅他还嗳还还害臊。也有那浪荡子弟，摆摆摇摇，打扮得俏丽，为勾引多娇，背后抓格儿他可想嗳想想不到。也有那土豪恶棍，匪类毛包，羊群狗党，趁势儿发彪，既装鸡屎，还争南嗳南北道。（湖广调）烧香已毕，两廊去歇着，茶桌儿一满，跑堂儿的调越高，手提着凉水硬把茶叶泡，若要是坐长了，罢哟咳咳，定招看坐儿的薄。未从坐定，百样儿的劳叨，要小钱儿的来往打鼓吹箫，不住的围着桌子要，你若是给他们钱。罢哟咳哟，不够把神淘。两旁的玩艺儿，闹闹吵吵，家伙合那锣鼓，乱打胡凿，耳边箱人声儿是山嚷怪叫，招的那些游人儿，罢哟咳哟，两眼不够瞧。蜜溅果子，五个老钱一包，装模做样，混打胡敲，抽冷子一声就吓人一跳，不过是为钱，罢哟咳哟，变法儿把人招。百子堂内分外的热闹，娘娘殿上供比山高，抽空儿还把那娃娃套，为的是回家，罢哟咳哟，好把差使交。（四川歌纱窗外）一说去逛庙，小人都要跟着，一进山门内，闹磨不开交，哭哭喊喊，他瞧见甚么都要，咧咦呼咘呼咳，咳咳咦呼嗐。一听锣鼓响嗐，样样儿都要瞧，趁着天气好，买卖调更高，要货儿就得好几吊，咧咦呼咘呼咳，咳咳咦呼嗐。吃食无多少，油香与凉糕，纸花儿合香草，拣样儿往家里捎，啰哩啰唆叫人拿不了，咧咦呼咻呼咳，咳咳咦呼嗐。一到初五初六儿，作坊里放工了，伙计们都逛庙，学徒也跟着，愣愣怄怄胡乱跑，咧咦呼咻呼咳，咳咳咦呼嗐。（数唱）一到太阳落，晚景儿倒也静悄，老头儿都来了，白日里怕挤着，要买凉糕必须等末庙，咧咦呼咻呼咳，咳咳咦呼嗐。（数唱）这都是庙中俗景，也不过大概说学，若要是尽情描写，厌而徒劳，且把那逛庙的恶习，再表他一表：（银纽丝）城内的虚子把儿，趁势儿氅了毛，拐骗坑崩也弄上件花梢，一顶香荷帽，两贴太阳膏，狐朋狗友在一块儿搅，叫声老哥儿们，罢哟咳，你我今日把好脑袋找。假充宗室，系上金腰。屎蛋球覆，把他托着，自称是姓赵，绰号叫赛野猫，玩艺儿摊子他懂的不少，若遇着热，罢哟咳，今日茶钱定把你来扰。京师的妇女也不受教调，年轻幼小，正派不学，说话太张大，打扮又轻飘，一心也要把虚子搅，约会上姐儿们，罢哟嗐，结党成群都上了庙。大殿之上先把香烧，寝宫以内，定走一遭，侉戏必得看，西湖景也要瞧，十不闲儿场子弄上一吊，拉住宝玉儿，罢哟嗐，对袋烟儿，就把交情造。（高显臣书）则见他举止轻狂，生来的匪气，自己甘心往下贱里学，头拢着青丝发，发青丝，青丝高挽元宝纂。身穿着西湖色，色西湖，西湖水染绣罗娇。手带着玲珑玉，玉玲珑，玲珑八宝黄镯钏。足登着蝴蝶梦，梦蝴蝶，蝴蝶闹梅瘦底而薄。打扮得上下无非是窈窕，为的是众人丛中把他爱睢。（数唱）似这等败俗伤风，皆因为少教失调，行香为好，休把祸招，男女混杂，难免糟糕，奉劝诸君，身分宜高，这是非之地，终不保牢。（曲尾）因此上，前思后想，无法可教，故此才编就了曲词，（卧牛）把众公开导，似这些无赖之徒，一概别学。"（《百本张钞本牌子曲》）

初一预汲

端一、端五两日，内外京城居民不汲井泉，云避井毒也，日须皆预汲储。（《水曹清暇录》）

初一南顶

"但开南顶（五月初一日起，十八日止）极喧哗（纨绔少年多于此地生事），近水河棚数十家。纨绔少年归更晚，天桥南面跑新车。"（《京都竹枝词·游览》）

《南顶竹枝词》八首："红墙御囿接长渠，隔岸人家尽草庐。一望青帘浑似锦，买春客到总停车。"

"戏水儿童体态轻，凫鹭队里任游行。忽惊灭顶人何处，突起金钱手内擎。"

"窄窄弓鞋楚楚裳，故将纨扇掩容光。因何不许分明看，半是羞郎半怯郎。"

"淡淡衫披薄薄纱，妆成端不藉铅华。文君更比相如渴，也向松阴坐品茶。"

"遇春坊里绣軿排，争看王孙走马来。搴起珠帘呈笑脸，今宵订下合欢杯。"

"紫貂玉虎号飞鹏，总属王家一盏灯。上得鞍来争纵辔，一声'好'字万声应。"

"多少观优士女来，更从绝顶小徘徊。无端一阵狂风雨，争脱罗衣衷笠回。"

"归途暮霭已苍苍，马骤车驰笑太忙。却入禁城城牡下，天街雨过水淋浪。"（《自喜闻过斋诗稿》）

《南顶》诗："席棚屋里沽烧酒，柳树阴边嗜冷茶。不比城中贵公子，夕阳归路跑飞车。"（《都门打油歌》）

吴严《游南顶》诗："柳映红亭水映桥，碧霞宫殿郁迢遥。年年五月开香社，大好风光慰寂寥。"

"龙冈委宛似卷阿，披拂者风爽气多。一带苇棚临水岸，酒徒豪饮姣童歌。"

南顶碧霞元君庙在永定门外五六里，西向。左右有牌坊二，左曰"广生长养"，右曰"群育滋蕃"，皆乾

五　月

隆三十八年重修时御书。每至五月，自初一日起，开庙十日，士女云集。庙虽残破，而河中及土阜上皆有亭幛席棚，可以饮食坐落。至夕散后，多在大沙子口看赛马焉。（《燕京岁时记》）

永定门外碧霞元君庙，俗称南顶，旧有九龙冈，环植桃柳万株，南邻草桥河。五月朔，游人麇集，支苇为棚，饮于河上。亦有歌者侑酒，竟日喧阗。后桃柳摧残，庙亦坍破，而游者如故。近年有某侍御奏请禁止，遂废其事，与昔日金鱼池相仿佛。（《天咫偶闻》）

永定门外迤南，有积潦一区，名曰"南汀"，京音讹为"南顶"，有庙市，每年五月初一日开市，至十五日闭止。市中茶棚栉比，履舄交错，伊其相谑，比诸溱洧，实诲淫所也。旧有天桥跑飞车之习，近更拓辟广场，供人跑马，竞夸身手，迭起争端。（《新燕语》）

南汀俗名南顶，在永定门外。向例五月有庙市，自朔迄望，喧异恒时。城中少年，辄多往游，且有天桥跑飞车之陋习。今自汽车通行，旧俗遂不复再举矣。（《京华春梦录》）

161

初一城隍出巡

四月二十二,宛平县城隍出巡;五月初一日,大兴县城隍出巡。出巡之时,皆以八人肩舆,舁藤像而行。有舍身为马僮者,有舍身为打扇者,有臂穿铁钩悬灯而导者,有披枷带锁,俨然罪人者。神舆之傍,又扮有判官鬼卒之类,彳亍而行。(《燕京岁时记》)

五月初一日,大兴县城隍出巡,八人肩舆,舁藤像而行。男女因病还愿,有打扇者,扮马童者,赭衣枷锁如囚者,臂穿铁钩悬灯者,扮一切判官鬼卒者,游观随行如堵,绕交道口回署。宛平县四月二十二日出巡亦同。(《春明采风志》)

初一换衣

五月初一,换实地纱袍褂,再换芝麻漏纱便章,着两截衫,湖色洋绉春罗,土色绵绸,各下襟衬衣也。(《春明采风志》)

重五射柳

金因辽俗,重五日插柳球场为两行,当射者尊卑序,各以帕识其枝,去地约数寸,削其皮而白之。先以一人驰马前导，后驰马以无羽横镞箭射之，既断柳，又以手接而驰去者为上，断而不能接去者次之，或断其青处及中而不能断与不能中者，为负。每射必发鼓以助其气。已而击球，各乘所常习马，持鞠杖，杖长数尺，其端如偃月，分其众为两队，共争击一球。先于球场南立双桓，置板，下开一孔为门，而加网为囊，能夺得鞠，击入网囊者为胜。球状如小拳，以轻韧木枵其中而朱之。（《金史·礼志》）

王士禛《都门竹枝词》："端阳蹋柳足欢娱，雾縠新裁胜六铢。爱傍横塘不归去，拔钗亲市七星鱼。"（《渔洋诗集》）

《燕都杂咏》："蹋柳过端阳，筵开艾酒香。巧分长命缕，缚得豆儿娘。"注云："旧俗五日射柳，名蹋柳，绢帛缚为人形，以豆为首，为豆儿娘。"（见《都城琐记》）

五日艾衣

五月五日午时，采艾摘叶与棉相和，絮衣七事，辽主着之。番汉臣僚各赐艾衣三事。渤海厨子进艾糕。（《燕北杂记》）

端午击球

五月五日、九月九日，太子诸王于西华门内召集各衙万户、千户能击球者，咸用上等骏马，系以雉尾缨络，萦缀镜铃，装饰如画。一马前驰，掷大皮缝软球子于地，群马争骤，各以长藤柄球杖争接之，而球子忽绰在球棒上，随马走如电，终不堕地。力捷而熟娴者，以球子挑剔跳踯于虚空中而终不离于球杖，然后打入球门，中者为胜。（《析津志》）

端午穿蒲鞋

京城端午，贵贱人等必买新蒲鞋，穿之过节，岁以为常。（《暖姝由笔》）

端午游金鱼池

鱼藻池在崇文门外西南，俗呼曰金鱼池，畜养朱鱼，以供市易。都人入夏至端午，结篷列肆，狂歌轰饮于秽流之上，以为愉快。（《燕都游览志》）

金故有鱼藻池，《旧志》云："池上有殿，榜以'瑶池'。"殿之址，今不可寻矣。居人界池为塘，植柳覆之，岁种金鱼以为业。池阴一带，园亭甚多，南抵

天坛,一望空阔。每端午日,走马于此。(《帝京景物略》)

王崇简《饮金鱼池》诗:"都人夙昔歌游地,此际犹然杂管弦。到处风光须共醉,从来得失有谁怜。平池薄暮寒烟起,古殿清秋落日悬。更喜西山出马上,遥遥空翠落天边。"(《青箱堂诗集》)

王鸿绪《金鱼池》诗:"城南鱼藻池,一泓荡清碧。萋萋菰蒋翻,漠漠水云积,都人竞欢赏,丝管恣裙屐。"

又《燕京杂咏》诗:"金鱼池畔艳阳时,夹岸人家扬酒旗。何处香车来女伴?银筝低唱白翎词。"(《横云山人集》)

刘体仁《杂兴》诗云:"金鱼池上柳烟阔,祈谷坛边松气高。十里疲驴一放眼,不教颜色对儿曹。"

"肩舆车马逐朝晴,径仄泥深一道争。堕履摧轮浑见惯,难甘尺寸让先行。"(《七颂堂诗集》)

黎士弘《燕京四月歌》:"金鱼会伴约行齐,队队红衫暖碧溪。看岸上人花上艳,更无闲眼放池西。"(《托素斋诗集》)

五月五日游天坛松林、高梁桥柳林、满井藤阴，结伴携觞者甚众。近咸集于金鱼池上，他处皆阒寂矣。（《咏归录》）

《金鱼池》云："天坛北面水池深，大小金鱼映柳阴，曲径游人欣玩赏，手持气凸岸边寻。"（《都门杂咏》）

金鱼池，崇文门外西南，畜养金鱼，以供市易，都人夏日多轰饮于此。（《京师地名对》注）

五日走解

五月五日，赐文武官走骠骑于后苑。一人执旗引于前，二人驰马继出，呈艺于马上，或上或下，或左或右，腾跃跷捷，人马相得，如此者数百骑。后乃为胡服臂鹰走犬围猎状终场，俗名曰"走解"。（《彭文宪公笔记》）

重午游天坛

京师最重午节，天坛游人极盛，联镳飞鞚。豪门

大佑之外，则中官辈竞以骑射为娱。盖皆赐沐请假而出者。(《野获编》)

五月五日，多集天坛。(《燕京杂记》)

五日女儿节

燕都自五月一日至五日，饰小闺女，尽态极妍，已出嫁之女亦各归宁，俗呼是日为"女儿节"。(《宛署杂记》)

余有丁《帝京午日歌》："都人重五女儿节，酒蒲角黍榴花辰。金锁当胸符当髻，衫裙簪朵盈盈新。长安街道人人趋，三条九陌无断尘。赤日中天万户动，棕藤清道骑官从。高肩大轿风奔驰，五侯七贵相迎送。陌上相望不相知，络绎追寻海子湄。隐隐朱楼围翠幰，深深金谷驻襜帷。买笑追欢日不足，喧过通衢喧水曲。蹋归百草毒可禳，系出五丝命可续。结缕仍将艾叶悬，祓祥却把兰汤浴。我来戚里列侯家，眩恍疑乘天汉槎。画壁丹楼池砌白，朱鱼翠鸟绮疏斜。竟日淹留天欲暮，纷纷轩驷红尘度。公子王孙合沓归，摩肩击毂忘来路。人生行乐须及时，汨罗之人非所为。"

五月一日至五日，家家妍饰小闺女，簪以榴花，曰"女儿节"。五日之午前，群入天坛，曰避毒也。过午出，走马坛之墙下。无江城系丝投角黍俗，而亦为角黍；无竞渡俗，亦竞游耍。南则耍金鱼池，西耍高粱桥，东松林，北满井，为地不同，饮醵熙游也同。太医院官旗物鼓吹，赴南海子捉虾蟆，取蟾酥也。其法，针枣叶，刺蟾之眉间，浆射叶上，以蔽人目，不令伤也。（以上《帝京景物略》）

五月五日，家悬五雷符，插门以艾，午具角黍，渍蒲酒，阖家饮食之。以雄黄涂耳鼻，取避虫毒之义也。（《舆地记》）

五月五日，悬蒲插艾，幼女佩灵符，簪榴花，曰"女儿节"。日午具角黍，渍菖蒲酒，阖家饮食之。以雄黄涂耳鼻，避虫毒。天坛墙下，走马为戏。金鱼池、草桥、聚水潭皆树荫，可醵饮，相望不绝。（《康熙大兴县志》）

北平俗曲："五月五日把端阳庆，节届天中，苍蒲艾虎，物阜财丰，共乐太平。玉楼人酒醉雄黄把肩并，脸赛芙蓉，石榴花鬓，斜衬钗头凤，血染鲜红。浮瓜沉李，水阁凉亭，阵阵荷风划龙舟，夺桥竞彩相争胜。锣鼓叮咚采莲歌，悠悠扬扬真好听，燕语莺声。"（《白雪遗音选》）

五月

彭蕴章《幽州土风吟·女儿节》云："女儿节，女儿归；耍青去，送青回。球场纷纷插杨柳，去看击鞠牵裾走；红杏单衫花满头，彩扇香囊不离手。谁家采艾装絮衣，女儿娇痴知不知？"（《松风阁诗钞》）

五月初一日起，为端阳节，又曰端午，即古天中节也，人家铺肆买粽子、樱桃、桑椹以献神佛。买蒲艾插于门旁，贴画虎、蝎、虾蟆或天师等图，揭之楹间，谓之神符，道家亦有书符以送檀越者。人家妇女，以花红绫线结成虎形、葫芦、樱桃、桑椹及蒲、艾、瓜、豆、葱、蒜之属，以彩绒贯之成串，以细小者为最，缀于小儿辫背间。或剪纸，或镂纸，折纸作葫芦、蝙蝠、卍字各式，总谓之"福儿"，杂五色彩纸以衬之，总谓之"葫芦儿"。妇女买通草小虎，彩绒福儿，带钗簪头上。至初五日，惟神符福儿留之，其葫芦等物，尽抛街巷，谓之"扔灾"。是日小儿额上，以雄黄画"王"字，又以雄黄涂小儿鼻耳之孔，谓如此，夏月能辟诸虫，亦有饮雄黄酒者。此日食黑色桑椹，或云夏月无食蝇之患。富家买糕饼，上有蝎、蛇、虾蟆、蜈蚣、蝎虎之像，谓之五毒饽饽，馈送亲友，称为上品。（《京都风俗志》）

北平俗曲《端阳节》云："五月端午街前卖神符，女儿节令把雄黄酒沽，樱桃桑椹，粽子五毒。一朵朵似火榴花开端树，一枝枝艾叶菖蒲悬门户，孩子们头上写个王老虎，姑娘们鬓边斜簪五色绫蝠。"（《百本张岔曲》）

五月端阳小孩儿欢，艾叶灵符插在门前，人换衣裳，葫芦钉在身边上，石榴颜色樱桃在佛前，无处找龙船。（北平俗曲《十二景》）

五月初一至初五日为端阳节，又称端午，家家于门前插蒲艾，贴五雷天师符，以禳不祥，亦古者艾虎蒲剑之遗意也。供角黍（即粽子）、樱桃、桑椹、五毒饼、玫瑰饼等于佛前，祀祖先亦如之，亦荐其时食之义也，并有以之相馈送者。巧妇秀女，以绫罗制成小虎、桑椹、葫芦之类，以彩线串之，悬于钗头，或系于儿背，谓可避鬼，且不染瘟，曰"长命缕"，一曰"续命缕"，又曰"葫芦"，正午弃之，谓之"扔灾"。以雄黄酒书"王"字于小儿之额，或涂其鼻耳，或墙壁，以避毒虫。又有于是日午时以朱墨画钟馗像，以鸡血点眼，俗称"朱砂判"者，悬屋中，谓能驱避邪。亦有纳古墨于蟆腹，向日晒之，谓其墨可疗疾，故有"癞蛤蟆脱不过五月五"之谚语。此五日中，居民商肆，皆盛治酒馔，曰过端阳节。夏至日，人家多食面条，且制糖蒜，以是时蒜适成熟也。又谚称是月为"恶五月"，禁造作等事。（《民社北平指南》）

端阳捕虾蟆

太医院例于端阳日差官至南海子捕虾蟆挤酥，以合药，制紫金锭。某张大其事，备鼓吹旗幡，喧阗以往，或嘲以诗曰："抖擞威风出凤城，喧喧鼓吹拥霓旌。穿林披莽如虓虎，捉得虾蟆剜眼睛。"（《长安客话》）

《长安客话》载明时太医院例以端阳遣官于南海子捕虾蟆，取酥制紫金锭。今端阳节，中官犹于端门鬻内造紫金锭，是其遗制也。（《居易录》）

故事，五月五日，太医院官具旗物鼓吹赴南海子捉虾蟆，取蟾酥，以针刺其两眉，蟾多死。吾乡朱公儒为院使，俾两眉止刺其一，蟾虽被刺，得活，后遂因之。（《阅史掇遗》）

端午颁赐

端午，赐京官宫扇，竹骨纸面，俱画翎毛，不工。

彩绦一条，五色线编者，须头作虎形。彩杖二根，长丈许，五色线缠绕。艾虎纸二幅，方尺许，俱画虎并诸毒虫。（《戒庵漫笔》）

京朝官端午赐食粽，重阳赐食糕，一费可七百金，食时助以酒脯，取沾赉而毕。诸臣享食之后，长班以馂余纳置筐篮，与其官长矜宠御路，自皇极门至长安街，马归洋洋，寻续不断。（《旧京遗事》）

内廷王公大臣至端阳时，皆得恩赐葛纱及画扇。（《燕京岁时记》）

端阳悬符

五月初一日起，至十三日止，宫眷内臣穿五毒艾虎补子蟒衣。门两旁安菖蒲、艾盆，门上悬挂吊屏，上画天师或仙子仙女执剑降毒故事，如年节之门神焉，悬一月方撤也。（《酌中志》）

《端阳》云："樱桃桑椹与菖蒲，更买雄黄酒一壶。门外高悬黄纸帖，却疑账主怕灵符。"（《都门杂咏·节令》）

每至端阳，市肆间用尺幅黄纸，盖以朱印，或绘画天师、钟馗之像，或绘画五毒、符咒之形，悬而售之，都人士争相购买，粘之中门，以避祟恶。（《燕京岁时记》）

都门习俗，每岁自五月初一日起，各宅结艾蒲于门旁，悬黄纸朱符于门首，其符或绘钟进士，或绘张天师，或绘五毒虫，奇形怪状，极为可哂，至初六日始揭去。《都门纪略》诗云："樱桃桑椹与菖蒲，更买雄黄酒一壶。门外高悬黄纸帖，却疑债主怕灵符。"盖讥之也。（《新燕语》）

五日雄黄酒

初五日午时，饮朱砂、雄黄、菖蒲酒，吃粽子，吃加蒜过水面。赏石榴花，佩艾叶，合诸药，画治病符。（《酌中志》）

王鸿绪《五日》诗："长安五日风景妍，蓬莱冠佩齐朝天。朝回邸舍开锦筵，满庭的的红榴然。烹鹜裹黍罗豆笾，蒲香雄精铜匜研，和以醇醪流朱泉。"（《横云山人集》）

五日端午索

五月五日,渍酒以菖蒲,插门以艾,涂耳鼻以雄黄,曰避毒虫。家各悬五雷符。簪佩各小纸符,簪或五毒、五瑞花草。项各彩系,垂金锡,若钱者,若锁者,曰"端午索"。(《帝京景物略》)

端午供佛

《五月》云:"供佛的哎桑椹来,大樱桃来,好蒲子,好艾子,江米儿的小枣儿的凉凉儿的大粽子来,哎,买神符。"(《一岁货声》)

京师谓端阳为五月节,初五日为五月单五,盖端字之转音也。每届端阳以前,府第朱门皆以粽子相馈贻,并附以樱桃、桑椹、荸荠、桃、杏及五毒饼、玫瑰饼等物。其供佛祀先者,仍以粽子及樱桃、桑椹为正供,亦荐其时食之义。(《燕京岁时记》)

端午插蒲艾

端午日用菖蒲、艾子插于门傍,以禳不祥,亦古者艾虎蒲剑之遗意。(《燕京岁时记》)

端阳涂雄黄

每至端阳,自初一日起,取雄黄合酒晒之,用涂小儿额及鼻耳间,以避毒物。(《燕京岁时记》)

端阳彩壶卢

每至端阳,闺阁中之巧者,用绫罗制成小虎及粽子、壶卢、樱桃、桑椹之类,以彩线穿之,悬于钗头,或系于小儿之背。

又端阳日,用彩纸剪成各样葫芦,倒粘于门阑之上,以泄毒气。至初五午后,则取而弃之。(《燕京岁时记》)

端阳节彩壶卢:闺阁剪绫罗做成樱、椹、扁豆、小儿骑虎、壶卢诸状,以线穿之,系于小儿女之胸背。街头亦有系于横竿卖者,又有剪红纸作花壶卢式,粘于屋门水缸者,皆以避毒物也。(《春明采风志》)

端午应时戏

从前都中最讲应时戏,如逢端午,各园必演《雄黄阵》;逢七夕,各园必演《鹊桥会》,此亦《荆楚岁

时》之意，犹有古风。自庚子以来，专讲新异，此等剧不演者多矣。(《梨园佳话》)

十一 都城隍诞

十一日都城隍诞，太常寺预日致祭，居民香火之盛，不减于东岳之祀。(《康熙宛平县志》)

都城隍，位最尊，神又最灵，降祥殃，告吉凶，其应如响。都人士于国家秩祀外，诞辰有进香之会，盛夏又有浴堂换水之会，老幼男女，奔走惟恐后时。(《以学集》)

十一 关帝庙开庙

十里河关帝庙在广渠门外，每至五月，自十一日起，开庙三日，梨园献戏，岁以为常。(《燕京岁时记》)

十三 关帝庙进刀

十三日，进刀马于关帝庙，刀以铁，其重八十斤，纸马高二丈，鞍鞯绣文，辔衔金色，旗鼓头踏导之。(《帝京景物略》)

十三日，进刀马于关帝庙，刀以铁，重八十斤，马以纸，高二丈许，鞍鞴绣文，衔辔金错，旗鼓前导之。（《康熙宛平县志》）

十三磨刀雨

京师谚曰"大旱不过五月十三"，盖五月十三乃俗传关壮缪过江会吴之期，是日有雨者，谓之"磨刀雨"。（《燕京岁时记》）

下旬甜瓜

五月下旬则甜瓜已熟，沿街吆卖，有旱金坠、青皮脆、羊角蜜、哈蜜酥、倭瓜瓢、老头儿乐各种。（《燕京岁时记》）

二十三分龙兵

京师谓五月二十三日为"分龙兵"，盖五月以后，大雨时行，隔辙有雨，故须将龙兵分之也。（《燕京岁时记》）

六　月

六月全月

欧阳原功《渔家傲》词："六月都城偏昼永，辘轳声动浮瓜井。海上红楼敲扇影，河朔饮，碧莲花肺槐芽沈。　绿鬓亲王初守省，乘舆去后严巡警。太液池心波万顷，闲芳景，扫宫人户捞渔艇。"（《圭斋集》）

《燕台新月令·六月》云："是月也，仪官浴象，象始交，果子干成，槟子香，海茄大于盆，蝎始孕，壁虱臭，桃奴出，闻观果解。"（《水曹清暇录》）

二十三日，为马明王生辰，二十四日，为关圣帝君生辰，此两日，官府人家铺户，多焚香叩祭竟日。（《京都风俗志》）

六月初一日，草桥中顶进香。初六日，善果寺晾经会。二十四日，各关帝庙赛会。二十五日，祀马王。（《天咫偶闻》）

六月初六日，抖晾衣服、书籍，谓可不生虫蠹，妇女多沐发，谓可不腻不垢。二十三日，祭马王火神，焚香礼拜，以鸡羊面桃为祭品。二十四日，祭关公，祀品亦如之。入伏亦有饮食期，初伏水饺，二伏面条，至三伏则为饼，而佐以鸡蛋，谓之"贴伏膘"。谚云："头伏饽饽（煮饽饽之简易称也）二伏面，三伏烙饼摊鸡蛋。"乡村农民，则初伏种萝卜，二伏种菜，三伏种荞麦。（《民社北平指南》）

六月市物

六月，京师中多市麻泥、科斗粉、煎茄、炒韭、煎饼。五更汲水，以备合酱之用，或谓此日水与腊水相同。仍以此日晒干肉，犹腊味也。（《析津志》）

六月莲实

六月，盛暑，食饮最喜清新。京师莲实，种二，内河者嫩而鲜，宜承露，食之益寿；外河坚而实，宜干用。（《帝京岁时纪胜》）

六月卖冰

高珩《午衢闻卖冰者唱云一钱任饮也》诗："缁尘

彳亍愁亭午，篮舆负担同愁苦。鸣蝉嘒嘒柳阴阴，一息停车抵万金。长安六月无好处，只喜寒冰汲水注。长鲸纵饮只一钱，不羡封侯移酒泉。"（《栖云阁诗》）

冯溥诗："赤乌扇火散云涛，六月凌阴价倍高。争说冰寒能救喝，十钱买得似葡萄。"（《佳山堂诗集》）

《燕都杂咏》："磕磕敲铜盏，街头听卖冰。浮瓜沉李脆，三伏绝炎蒸。"注云："夏日沿街卖冰核，铜盏声磕磕然。"（见《都门琐记》）

六月西瓜

《六月》云："块又大瓤儿又高咧，月饼的馅来，一个大钱来。"注云："西瓜。"
又："管打破的西瓜呀哎。"注云："推车挑筐，整卖，买定后开看。"（《一岁货声》）

六月初旬，西瓜已登，有三白、黑皮、黄沙瓤、红沙瓤各种。沿街切卖者，如莲瓣，如驼峰，冒暑而行，随地可食。既能清暑，又可解酲。（《燕京岁时记》）

六月

六月老鸡头

《六月》云:"老鸡头,才上河。"(《一岁货声》)

六月什刹海

什刹海俗呼河沿,在地安门外迤西,荷花最盛,每至六月,士女云集。(《燕京岁时记》)

什刹海:地安门外迤西,荷花最盛,六月间士女云集,然皆在前海之北岸。同治中忽设茶棚,添各玩艺及人景。曹张叟于翔凤别墅之谜社中,谈及《莲塘即事》诸咏,惜稿久失,仅记其少半也。

《莲塘即事》:"岁岁荷花娇不语,无端斗茗乱支棚。斜阳到处人如蚁,谁解芳心似水清。"

《什不娴》:"作媚装腔百样贫,连敲竹板扭腰身。开言就是莲花落,落了莲花那有人。"

《酸梅糕》:"翠幕车前冰盏鸣,碧油桶上月牙横。梅糕不解何班次,拣选而今也列名。"

《卖茶叟》:"行步蹒跚肩膀斜,有人一碰就掛茶。翻来复去尘浮碗,染指徒悲公子家。"

《托偶戏》:"过去场头云《探母》,归时《探母》又翻新。洋布坎肩洋布褂，青莲公主特清贫。"

《炸糕摊》："老头小本为生意，紧靠墙根倒把牢。就怕人多车卸满，炸糕有信要糟糕。"

四十年复为临时市业场，何日得往游，为张叟补足数首以偿之耶！（《春明采风志》）

什刹海地接喧市，游踪较便，裙屐争趋，咸集于斯。长夏夕阳，火伞初敛，柳阴水曲，团扇风前，几席纵横，茶瓜狼藉，琉璃十顷，卷浪溶溶，菡萏一池，飘香冉冉，想唐代曲江，景亦不过如是。（《京华春梦录》）

"六月三伏好热天，什刹海前正好赏莲。男男女女人不断，听完大鼓书，再听十不闲。逛河沿，果子摊儿全，西瓜香瓜杠口甜，冰儿镇的酸梅汤，打冰乍买了把子莲蓬，转回家园。"（北平俗曲《十二景》）

六月扫晴娘

六月乃大雨时行之际。凡遇连阴不止者，则闺中儿女剪纸为人，悬于门左，谓之"扫晴娘"。（《燕京岁时记》）

暑月牧骆驼

骆驼于暑月出口牧养，以避炎暑，秋凉始归。（《燕都杂咏》注）

初伏洗象

象房在宣武门西城墙北，每岁六月初伏，官校用旗鼓迎象，出宣武门河内洗濯。（《长安客话》）

三伏日洗象，锦衣卫官以旗鼓迎象，出顺承门浴响闸，象次第入于河也，则苍山之颓也。额耳昂回，鼻舒纠吸嘘出水面，矫矫有蛟龙之势。象奴挽索据脊，时时出没其髻。观者两岸各万众，面首如鳞次贝编焉。然浴之不能须臾，象奴则调御令起，云浴久则相雌雄，相雌雄则狂。（《帝京景物略》）

吴伟业《题崔青蚓洗象图》诗有云："京师风俗看洗象，玉河春水涓流洁。赤脚乌蛮缚双帚，六街士女车填咽。"（《梅村家藏稿》）

彭孙贻《题洗象图》诗有云："都中初伏看浴象，士女倾城御河上。罗绮生香大火天，铙歌部导金吾仗。

悬柱龙拖香海翻，鸣鼍雷吼横波涨。才子争妍斗词赋，画师揭本成图障。"（《茗斋集》）

六月六日，晒銮驾，民间衣物悉曝之。三伏日洗象，銮仪卫官以旗鼓迎象，出宣武门浴响闸，象次第入河，如苍山之颓也。额耳轩昂，舒鼻吸嘘水面，矫若蛟龙。象奴挽索据脊，时时出没，观者如堵。浴未须臾，奴辄调御令起，浴久则相雌雄，致狂。是月海淀莲甚盛，就莲而饮者，采莲而市者，络绎交错焉。（《康熙大兴县志》）

吴升东《浴象行》："六月望后之四日，天街簇拥行人疾。争传浴象御河滨，画鼓喧阗箫管集。金吾肃领驭飞军，宣武门东队队出。象奴控驭何驯良？屈指约略近五十。来自六诏万里余，西南臣服诸邦国。不次恩从格外加，锦绣为鞯金为饰。月给俸钱向水衡，九重拜爵同官秩。早朝立仗著勤劳，车驾前驱赖惊跸。以此宜承眷顾殊，殿最无烦分黜陟。当兹盛夏苦炎蒸，仅怀暑气或相逼。有水一泓澄且清，长流不断亦不溢。薰风时至生縠纹，安澜望去彻底湜。青柳绿槐千百株，波光掩映琉璃色。差堪浴尔于其中，如赐汤沐之世邑。三两成群逐浪游，深者及肩浅过膝。巨牙利齿各分张，周身舒卷任鼻息。偶然喷沫动成珠，仿佛鲛人夜半泣。踊跃昂首欲长鸣，牝牡追随自俦匹。聚观若堵骋纵横，夹岸红裙杂沓立。笑语沸腾辨莫真，罗衣香汗重重湿。四顾含情最可怜，指点楼头谁第一？"（《芝瑞堂诗选》）

王士祯《都门竹枝词》："玉水轻阴夹绿槐，香车笋轿锦成堆。千钱更赁楼窗坐，都为河边洗象来。"（《渔洋诗集》）

"伏头洗象（銮仪卫官员带领象奴旌旗鼓乐，引象至此）护城河，宣武门西妇女多。堪笑有情京兆笔，为他今日画双蛾。（是日看象，命妇尤多，故云。）"（《京都竹枝词·游览》）

洗象诗，名家集中，歌行词赋，无美不备。独渔洋《竹枝》一绝云："玉水轻阴夹绿槐，香车笋轿锦成堆。千钱更赁楼窗坐，都为河边洗象来。"可作图画。（《藤阴杂记》）

彭蕴章《幽州土风吟·看洗象》："宣武城南尘十丈，挥汗骈肩看洗象。象奴骑象游玉河，长鼻卷起千层波。昂头一喷一天雨，儿童拍手笑且舞。笑且舞，行謇謇，日暮归来洗猫犬。"（《松风阁诗钞》）

方朔《洗象行》："六月三日初伏交，传呼洗象西河坳。方子乘兴出城去，车马两岸如风翱。喧嚣寂处人争让，三匹两匹迢递见。壮哉雄物此大观，立地平山拖一线。红旗摇曳征鼓鸣，摧颓蹴踏驱之行。泥深水浅足力重，陡然潮涨东西平。一蛮奴跨方腾踔，众蛮奴搏浑浆跃。雨作涛翻十丈飞，何处蛟鼍掀大壑？前者未起后者趋，水中岸上交欢呼。金声一震波成焰，化出麋兵《赤壁图》。蛮奴驯象如调马，以钩为勒随上下。蛮奴洗象如浴牛，拳毛湿透归悠游。最怜得润尤更色，湖石巍峨不断头。"（《金台游学草》）

六月十日，与紫垣观洗象于宣武城西，至则游骑纷沓，列车如阵，如蜂房，如文闱号舍。车中人襜帷半掩，只露头面，如牡丹，如绣球。道中食货络绎，百戏如云，喧扰间，忽见数人高与檐齐，冉冉前进，众人左右辟易，有执红棍者前导，则象奴雄踞象背，丘山不动，次第缓步而来。及河，伏其前足，俟象奴既下，司事者鸣鼓数通，然后入水。计先后二十有四。游戏征逐，浪沸波腾，钱塘射潮，昆明习战，不是过也。洗毕，鸣金登岸，犹以鼻卷水射人。都人知其驯习，畀钱象奴，教以献技，象必斜睨奴，钱数满意，乃俯首昂鼻，呜呜然作觱栗铜鼓等声，万众笑哄而散。（《金壶浪墨》）

象房有象时,每岁六月六日牵往宣武门外河内浴之,观者如堵。(《燕京岁时记》)

初伏葛衣

每至六月,自暑伏日起至处暑日止,百官皆服葛丝帽、黄葛纱袍。(《燕京岁时记》)

自初伏日,换万丝冠、葛纱袍、亮纱褂,凡御前差免褂。(《春明采风志》)

伏日暑汤

伏日,人家有食盛馔异于平日者,谓之"贴伏膘",或以此日起,有舍冰水者,或有煎苏叶、藿叶、甘草等汤,于市中舍之,谓之"暑汤"。(《京都风俗志》)

伏日赐冰

京师自暑伏日起至立秋日止,各衙门例有赐冰。届时由工部颁给冰票,自行领取,多寡不同,各有等差。(《燕京岁时记》)

三伏苦热

王鸿绪《三伏叹》："长安三伏苦午热，日赤尘红气酷烈。闲曹谢客不出门，汲水磁缸贮清冽。平头摇扇尚挥汗，一卷横看肱欲折。五侯潭潭甲第深，湘帘梧槛留浓阴。水晶屏侧冰作岫，寒光四射锋嵌崟。邻家苍蝇暗飞入，疑是白璧可遗迹。鼓翼而上冻欲僵，附炎得冷良何益。君不见，暑往秋来事如换，人生凉燠常参半，覆雨翻云垂古谚。"（《横云山人集》）

初一中顶庙市

中顶碧霞元君庙在右安门外十里草桥地方，每岁六月初一日有庙市。市中花木甚繁，灿如列锦，南城士女多往观焉。（《燕京岁时记》）

六日洗马

每岁六月六日，中贵人用仪仗鼓吹导引，洗马于德胜桥之湖上，三伏皆然。（《燕都游览志》）

六月十二日，御厩洗马于积水潭，导以红仗，中有数头，锦帕覆之，最后独角青牛至，诸马莫能先也。（《北京岁华记》）

岁初伏日，御马监内监，旗帜鼓吹，导御马数百洗水次。（《帝京景物略》）

《燕都杂咏》："古潭连内苑，御马洗清流。夹岸人如蚁，争看独角牛。"自注云："德胜门内积水潭，伏日洗御厩马，末有独角青牛。"（见《历代旧闻》）

六日晒书

六月六日本非令节，但内府皇史宬晒曝列圣实录、列圣御制文集诸大函，每岁故事也。至于时俗，妇女多于是日沐发，谓沐之则不腻不垢。至于猫犬之属，亦俾浴于河。京师象只皆用其日洗于郭外之水滨，一年惟此一度。（《野获编》）

六月初六日，皇史宬古今通集库晒晾，吃过水面，嚼银苗菜，即藕之新嫩秧也。初伏日造曲，惟以白面用绿豆黄加料和成，晒之。（《酌中志》）

六月六日，晒銮驾，民间亦晒其衣物，老儒破书，贫女敝缊，反覆勤日光，晡乃收。（《帝京景物略》）

善果寺在慈仁寺后，完然无恙。山门内左右廊有悬山，大殿颇卑，与蓝淀厂广仁宫相类，疑此皆金、元旧宇。每六月六日有晾经会，实无所晾，士女云集，骈阗竟日而已。（《天咫偶闻》）

六月六日，佛寺有晒经者，自是出郭游览者亦众，城外一二里，茶轩酒舍，上罩芦棚，下铺阔席，围遮密树，远护疏篱，游人纳凉其中，皆觉有趣。而市中敲铜盏卖梅汤者，与卖西瓜者，铿聒远近。或深树坦腹者，或柳阴垂钓者，或浴于溪卧于林者，盖皆寻清凉而避炎热也。（《京都风俗志》）

京师于六月六日抖晾衣服书籍，谓可不生虫蠹。（《燕京岁时记》）

六日晒衣

王崇简《六月六日》诗："六月六日云阴岑，感时触景怀抱侵。此日曝物何所防？敝裘败絮岂经心？旁有老人言达理，此事说自先朝始。銮驾库内门尽开，锦衣官尉色欢喜。卤簿大驾倚高纛，香木驾头金四足。左之右之勤高晖，鸾旗豹尾光相烛。桃弓苇矢避风车，丹鸟白鹭日月旟。金根之制作自商，黄钺皇皇见《周书》。

彩仗宝盖灿珠斗，旍旆央央龙蛇走。金蕉叶上水莲花，欻飞虞候象车首。辉煌陈列向日中，士民至今风俗同。一从贼变已数载，今日徒见云弥空。高年语多声带涩，白首中官闻之泣。"（《青箱堂诗集》）

六月六日，民间衣服悉曝之。是日海淀莲盛，采而市于城者络绎。（《舆地记》）

六月六，是日抖晾衣物书籍，可去虫蠹。估衣、皮货、喜轿等铺，傍晚吹晾一切，犒劳伙友。（《春明采风志》）

二十三祭马王

马王者，房星也，凡营伍中及蓄养车马人家，均于六月二十三日祭之。（《燕京岁时记》）

祭马王：凡营伍及武职有马差者，蓄养车马者，均于二十三日，以羊祭之。（《春明采风志》）

南中于岁之六月二十三日恒祭炎帝，而都城内外骡车夫，皆醵钱以祭马王。是日车价昂至数倍，向客婪索，名曰"乞福钱"。其祭品用全羊一腔，不用猪，谓

马王在教，不享黑牲肉也。其像则四臂三目，狰狞可怖，其神牌则书"水草马明王"字样。（《新燕语》）

二十四祭关帝

六月二十四日，致祭关帝，岁以为常，鞭炮之多，与新年无异。（《燕京岁时记》）

二十五祭虫王

岁之六月二十五日，则为祭虫王之期，四郊农民，焚香顶礼，受胙饮福，极其虔敬。（《新燕语》）

夏秋间养咽咽

京师有草虫，状如蟋蟀，肥大而青，生于夏秋间，声唧唧，甚聒耳，京师人多笼以佩之，佳者十余金一头，其笼以小葫芦去其上截为之，四围雕花鸟以通气，精细工绝，价有贵至百金者。八旗满洲妇人多有空其鞋底以纳之，使其声与履声相应，若行《肆夏》趋《采齐》者然，俗名此虫为咽咽。（《燕京杂记》）

晚秋，少年多畜咕咕，形类螽斯而善鸣，天寒则渐僵，刳瓠藏之于身，得暖，呱呱而啼，饲以银朱，通体

皆红，争夸笑乐，竟有能过冬者。(《水曹清暇录》)

聒聒，北地多有，好事者率盛以葫芦，置暖处，可经冬不死。葫芦长者如鸡心，截其半，嵌以象牙，或紫檀为盖；其扁者旁拓玻璃窗，以刀刻诸花卉，都下尤贵重之。(《蝶阶外史》)

雏伶尤好蝈蝈，形如络纬，以羽作声，饲以丹砂，腹赤有光，能耐寒，恒以葫芦贮之。葫芦以色似蜜蜡者佳，雕刻花鸟，精致绝伦，有贵值数十金者。每当酒熟香温，诸伶出自绣襦，比较优劣，或口作琤琤细响，蝈蝈即应声欢鸣。(《侧帽余谭》)

六七月间卖蟹

六七月间，满街卖蟹，新肥而价廉，八月渐稀，待到重阳，几几乎物色不得矣。(《京华百二竹枝词》注)

七 月

七月全月

欧阳原功《渔家傲》词："七月都城争乞巧，荷花旖旎新棚笊。龙袖娇民儿女狡，偏相搅，穿针月下浓妆佼。　　碧玉莲房和柄拗，晡时饮酒醒时卯。淋罢麻秸秋雨饱，新凉稍，夜灯叫买鸡头炒。"（《圭斋集》）

都中人民七月祀先，用麻秸奠酒为诚，买纸钱冥衣，烧化于坟，谓之"送寒衣"，仍以新土覆墓。市中卖摩诃罗巧神、泥塑人物大小不等。宫庭、宰辅、士庶之家咸作大棚，张挂《七夕牵牛织女图》，盛陈瓜果、酒饼、蔬菜、肉脯，邀请女流作巧节会，称曰"女孩儿节"。觇卜贞咎，饮宴尽欢，次日馈送还家。（《析津志》）

七夕节，宫中立巧山子，衣鹊桥补，初一至十四日止。中元节食银苗菜及水鸭。菜乃藕之嫩牙，鸭乃先一日煮熟凝成膏。甜食房供佛波罗蜜。西苑作法事，放河灯。（秦征兰《天启宫词》注）

七　月

七月七日之午，妇女曝水日中，水膜生，投以绣针则浮，视水底针影，巧则喜，拙则叹矣。十五日诸寺建盂兰会，夜乃水陆放灯以度鬼，祭扫如清明时，曰秋祭也。（《舆地记》）

《燕台新月令·七月》云："是月也，蟋蟀居于市，金钟鸣，学堂开，青蒿结，香瓜皮镂为灯，砧杵始急，寒衣成。"（《水曹清暇录》）

七月七日，俗称牛郎会织女，闺阁女子，邀请女眷作巧节，曰"女儿节"。是日小女子以碗水曝日下，各投小针（以新篠帚苗折为小段），浮之水面，徐视水底影，则散如花，动如云，细如线，粗如椎，因以卜女工之巧拙，谓之乞巧，又曰丢针。十三日至十五日为中元节，俗称鬼节，祭扫坟茔，一如清明，僧寺设盂兰会，谓之超度孤魂，糊纸为舟，长数丈，或丈余，以鬼王、鬼判官、鬼兵、鬼役乘之，寺僧相对诵经，至夜焚之，谓之"烧法船"。近年军界超度阵亡将士，多在北海举行，至夜深，于船上诵经，尤为热闹。小儿则于是夕各执纸制莲花，燃烛其上，亦有密缚香火于蒿棵之上，或执长柄荷叶，上插以烛而举之者，绕街而走，群歌曰："莲花灯，莲花灯，今日点了明日扔。"盖留之恐不祥也。东便门外二闸，亦于中元设盂兰会，扮演秧歌、狮子诸杂技，入暮，河沿燃灯，谓之放河灯。二十九日，相传为地藏王诞辰，插香于地而燃之，并有放花灯于河心，任其浮游者。是月也，蟋蟀鸣，人多养而斗之，曰"斗蛐蛐"，或以之博钱。遇立秋日，有"贴秋膘"之俗，盖例于是日食肉或水饺也。（《民社北平指南》）

七月斗促织

京师人至七八月，家家皆养促织。余至郊野，见健夫小儿群聚草间，侧耳往来，面貌兀兀，若有所失者。至于溷厕污垣之中，一闻其声，踊身疾趋，如馋猫见鼠。瓦盆泥罐，遍市井皆是，不论老幼男女，皆引斗以为乐。（《长安客话》）

是月始斗促织，壮夫士人亦为之，斗有场，场有主者，其养之又有师，斗盆筒罐，无家不贮焉。

秋七八月，游闲人提竹筒、过笼、铜丝罩，诣丛草处，缺墙颓屋处，砖甓土石堆磊处，侧听徐行，若有遗亡，迹声所缕发而穴斯得。乃捵以尖草，不出，灌以筒水，跃出矣，视其跃状而佳，逐且捕之。捕得，色辨、形辨之，辨审，养之。养得其性若气，试之，试而才，然后以斗。初斗，虫主者各内虫乎比笼，身等，色等，合而内乎斗盆。虫胜，主胜；虫负，主负。胜者，翘然长鸣，以报其主，然必无负而伪鸣，与未斗而已负走者，其收辨，其养素，其试审也。

促织感秋而生，其音商，其性胜，秋尽则尽。今都人能种之，留其鸣深冬。其法，实土于盆，养之，虫生子土中。入冬以其土置暖炕，日水洒绵覆之，伏五六日，上蠕蠕动，又伏七八日，如蛆然。置子蔬叶，仍洒覆之，足翅成，渐以黑，匝月则鸣，细于秋，入春反僵也。凡都人斗促织之俗，不直闾巷小儿也。贵游至旷厥事，豪右以销其赀，士荒其业，今亦渐衰止。惟娇姹儿女，斗嬉未休。（《帝京景物略》）

秋后斗蟋蟀，开场赌彩，街巷或书"某处秋色可观"。（《燕都杂咏》注）

都门好，蟋蟀斗瓷盆。燕雀头颅征异种，琵琶羽翼贵兼金。篱豆一灯深。（《望江南词》）

七月艾火绳

《七月》云："干火绳啊。"注云："艾火绳。"（《一岁货声》）

七月食品

又云:"约芋头来,约甜葡萄来,脆枣儿来。"(《一岁货声·七月》)

七月露宿

七月,人民多用竹床露宿。(《京兆地理志》)

立秋戴楸叶

立秋之日戴楸叶,吃莲蓬、藕,晒伏姜,赏茉莉、栀子、兰、芙蓉等花。(《酌中志》)

立秋日戴楸叶,七夕穿针乞巧。(《燕都杂咏》注)

立秋不饮生水

立秋日,相戒不饮生水,曰"呷秋头水,生暑痱子"。(《帝京景物略》)

立秋贴秋膘

立秋日，人家亦有丰食者，谓之"贴秋膘"。亦有以大秤称人，记其轻重，或以为有益于人。（《京都风俗志》）

七夕五生盆

七夕前数日，种麦于小瓦器，为牵牛星之神，谓"五生盆"。（《燕石集》）

七夕乞巧

九引堂台，七夕乞巧之所，至夕，宫女登台，以五采丝穿九尾针，先完者为得巧，迟完者谓之输巧，各出资以赠得巧者焉。（《元氏掖庭记》）

燕都女子七月七日以碗水暴日下，各自投小针，浮之水面，徐视水底日影，或散如花，动如云，细如线，粗如椎，因以卜女之巧。（《宛署杂记》）

七月初七日七夕节，宫眷穿鹊桥补子，宫中设七巧山子，兵仗局伺候七巧针。（《酌中志》）

七月七日之午，丢巧针，妇女曝盎水日中，顷之，水膜生面，绣针投之则浮。则看水底针影，有成云物、花头、鸟兽影者，有成鞋及剪刀、水茄影者，谓乞得巧。其影粗如椎，细如丝，直如轴蜡，此拙征矣，妇或叹，女有泣者。（《帝京景物略》）

王士禛《都门竹枝词》："七夕针楼看水痕，家家小妇拜天孙。明朝得巧抛针线，别买宣窑蟋蟀盆。"（《渔洋诗集》）

彭蕴章《幽州土风吟·卜巧针》云："浮针水面，视影百变，如花如云，如椎如线。七月七日卜聪明，皓腕凝脂摇玉钏。曝衣楼头笑语喧，愿乞云锦裁天孙。天孙巧被燕姬乞，采桑罗敷妒煞人。"（《松风阁诗钞》）

七月七夕，人家多谈牛女渡河事。或云是夜三更，于葡萄架下静听，能闻牛女隐隐哭声。而穿针乞巧，今皆不举，惟六日晚间，设水碗于花下，七日午中，妇女以细纸抛水中，视其影形，以占拙巧，此亦乞巧之别义也。（《京都风俗志》）

京师闺阁，于七月七日以碗水暴日下，各投小针，浮之水面，徐视水底日影，或散如花，动如云，细如线，粗如椎，因以卜女之巧拙。俗谓之"丢针儿"。（《燕京岁时记》）

七夕拜银河

七夕宫中最重，市上卖巧果，人家设宴，儿女对银河拜。（《北京岁华记》）

七夕供牛郎

七夕，各宫供象生牛郎织女、从人、麒麟、象、羚羊、海马、狮子、獬豸、兔、海味、糖果、糖菜，俱用白糖浇成。（《光禄寺志》）

七夕花瓜

京师七夕，以瓜雕刻成花，谓之花瓜。（《帝京景物略》）

中旬卖菱芡

七月中旬，则菱芡已登，沿街吆卖曰："老鸡头，

才下河。"盖皆御河中物也。(《燕京岁时记》)

十三迎节

十三日，天子于宫西三十里卓帐宿焉。前期备酒馔，翌日，诸军部乐从者皆动蕃乐，饮宴至暮乃归行宫，谓之迎节。十五日动汉乐，大宴。十六日昧爽复往西方，随行诸军部落大噪三，谓之送节。(《辽史·礼志》)

七月十三日至十五日，迎节、送节、笑节。(《燕北杂记》)

十五祭麻谷

七月十五日，燕城乡民，蜀黍苗、麻粟苗连根及土，缚竖门之左右，别束三丛立之门外，供以面果，呼为"祭麻谷"。(《月令广义》)

中元盂兰会

中元节前，上冢如清明，各寺设盂兰会，以长椿寺为盛。晦日，谓是地藏佛诞，供香烛于地，积水潭、泡子湖各有水灯。(《北京岁华记》)

七 月

岁中元夜，盂兰会。寺寺僧集，放灯莲花中，谓灯花，谓花灯。酒人水嬉，缚烟火作凫雁龟鱼，水火激射，至菱花焦叶。是夕，梵呗鼓铙，与宴歌弦管，沉沉昧旦。（《帝京景物略》）

中元日，各寺院设盂兰会，燃灯唪经，以渡幽冥之沉沦者。

运河二闸，自端阳以后，游人甚多。至中元日，例有盂兰会，扮演秧歌、狮子诸杂技。晚间沿河燃灯，谓之放河灯。中元以后，则游船歇业矣。（《燕京岁时记》）

七月里秋爽天，盂兰会上正好游玩，玩童最喜黄昏后，点上蒿子灯，闹了一院子烟。夜深沉，看法船，金桥银桥，信女善男，僧道念罢经一卷，超度亡魂早升天。（北平俗曲《十二景》）

十五放河灯

十五日中元，甜食房进供佛波罗蜜，西苑做法事，放河灯。京都寺院咸做盂兰盆追荐道场，亦放河灯于临河去处也。是月也，吃鲥鱼，为盛会，赏桂花，斗促织。（《酌中志》）

十五日，诸寺建盂兰盆会，夜于水次放灯，曰放河灯。最甚水关，次泡子河也。上坟如清明时，或制小袋以往，祭甫讫，辄于墓次掏促织。满袋则喜，秫竿肩之以归。（《帝京景物略》）

清宗室文昭《京师竹枝词》："坊巷游人入夜喧，左连哈达右前门。绕城秋水河灯满，今夜中元似上元。"（《紫幢轩集》）

"御河桥畔看河灯，法鼓金铙施食能。烧过法船无剩鬼，月明人静水澄澄。"（《京都竹枝词·游览》）

清宣宗《中元河灯》诗："万盏莲灯水面浮，中元佳夕荡轻舟。繁星朗月光同映，点缀前汀一段秋。"（《养正书屋全集》）

《中元》云："朵朵莲灯放满河，烧船拯溺诵弥陀。夜深妇女归家去，萤火惊飞鬼火多。"（《都门杂咏·节令》）

七月

十五荷叶灯

燕市七月十五夜,儿童争持长柄荷叶,然灯其中,绕街而走,青光荧荧,若磷火然。(《燠志》)

查慎行《京师中元词》:"万柄红灯裹绿纱,亭亭轻盖受风斜。满城荷叶高钱价,不数中原洗手花。"(《敬业堂诗集》)

西华门外又见众小儿以莲茎荷叶承烛于上,微风吹动,绿光冉冉,为南中所未有。(《金台游学草》注)

十五祀先

七月十五为中元节,时俗多以是日祀其先世。(《水曹清暇录》)

十五莲花灯

七月十五日为中元节,俗传地官赦罪之辰,人家上冢奠先人,如清明仪。僧家建盂兰盆会,诵经斋醮,焚化纸船,谓之"法船",以为度幽冥孤独之魂。市中卖各种花灯,皆以纸作莲瓣攒成,总谓之莲花灯,亦有卖带梗荷叶者，谓之荷叶灯。晚间，小儿三五成群，各举莲花荷叶之灯，绕巷高声云："莲花灯，莲花灯，今天点了明日扔。"或以短香遍粘蒿上，或以大茄满插短香，谓之蒿子灯、茄子灯等名目，此燃香之灯，于暗处如万点萤光、千里鬼火，亦可观也。（《京都风俗志》）

中元黄昏以后，街巷儿童以荷叶燃灯，沿街唱曰："荷叶灯，荷叶灯，今日点了明日扔。"又以青蒿粘香而燃之，恍如万点流萤，谓之蒿子灯。市人之巧者，又以各色彩纸制成莲花、莲叶、花篮、鹤鹭之形，谓之莲花灯。（《燕京岁时记》）

中元不为节，惟祭扫坟茔。初间，街头便有以彩纸作莲花及各种花篮、鹤鹭之形卖者，自十五日黄昏后，各巷儿童皆以纸莲荷叶，燃灯其中，群行喊之："荷叶灯，荷叶灯，今日点了明日扔。"众口一词。又以巨蒿粘香，遍垂而燃之，如万点萤。又有好事者，糊棺材、屎桶各灯，假锣鼓行敲之，有哭舅舅者。（《春明采风志》）

中元祭坟

中元不为节,惟祭扫坟茔而已。(《燕京岁时记》)

中元烧法船

中元日,各寺院制造法船,至烧焚之,有长至数丈者。(《燕京岁时记》)

中元城隍庙祀孤

江南城隍庙在正阳门外南横街之东,先农坛西北。本朝康熙年建,内有城隍行宫。每岁中元及清明,十月一日有庙市,都人迎赛祀孤。(《燕京岁时记》)

七月十五日,城隍庙赦孤,钓鱼台看河灯,各寺烧法船,阜城门内荷花灯市,儿童点蒿灯、荷叶灯,人家上冢。(《天咫偶闻》)

中元钓鱼台

钓鱼台俗名望海楼,即金代同乐园,又名鱼藻池,今为行宫。每岁中元节日,游人多聚此,名为观河灯,

实无灯可观。(《天咫偶闻》)

下旬卖枣葡萄

七月下旬，则枣实垂红，葡萄缀紫，担负者往往同卖。(《燕京岁时记》)

七八月间金钟儿

金钟儿，续耻庵有《齐天乐》一词，序甚详。金钟儿，虫名，出明陵，秋虫之善鸣者，古无考，仅见刘侗《帝京景物略》。山中人于七八月间，笼取卖于市，京师人家多喜蓄之，购数头，贮以瓷瓶，置屏几间，长夜幽扬可听。(《春明采风志》)

八月

八月全月

《燕台新月令·八月》云:"是月也,彩棚卖饼,人祭兔,鲜果入窖,浑酒熟,焦色炙于炉,蒲桃落架,双肠贯。"(《水曹清暇录》)

八月初三日,崇文门外祀灶君庙。十五日晚,祀月,儿童祀泥兔王爷,沿街市者极多,果子市卖诸鲜果。(《天咫偶闻》)

八月爆栗

今燕京市肆,及秋则以饧拌杂石子爆之,栗比南中差小,而味颇甘。(《析津日记》)

栗称渔阳,自古已然,其产于畿内者,在处皆美,尤以固安为上。八月后即聚鬻于京师,卖栗者炒之甚得法,和以沙屑,沃以饴水,调其生熟之节,恰可至当。每日落上灯时,市上炒栗,火光相接,然必营灶门外,

致碍车马，殊不可解也。(《燕京杂记》)

朱珪《炒栗》诗："腽膊鸡生讶一时，怀甘试与拨炉萁。黄皮漫笑居邻市，乌角应教例有诗。三寸内芝须自熟，十年鼎食已先知。腾腾伏火看调御，觅果何嫌彭泽儿。"自注云："黄皮胡同糖炒栗，市品之著名者。"(《上书房消寒诗录》)

南方栗大而质粗寡味，北方产者形小而甘，此果列加边，又宜蔬食腥膳。(《食味杂咏》注)

余来京师，见市肆门外置柴鬴（俗作锅），一人向火，一人坐高兀子，操长柄铁勺频搅之，令匀遍，其栗稍大，而炒制之法，和以濡糖，藉以粗沙，亦如余幼时所见，而甜美过之。都市炫鬻，相染成风，盘饤间称美味矣。(《晒书堂笔录》)

栗至八月后，每将晚，则出巨锅临街以糖炒之。(《都门琐记》)

初三灶君会

八月初三日，为灶君生辰，厨行建灶君会，人家铺

肆酬神亦广。(《京都风俗志》)

皂君庙在崇文门外,每至八月初一日起,开庙三日,盖即灶君诞日也。(《燕京岁时记》)

八月初三日,游崇文门外灶君庙。(《清稗类钞》)

八日瘗白犬

八月八日,辽俗屠白犬,于寝帐前七步瘗之,露其嘴,后七日中秋,移寝帐于其上。(《辽史·礼志》)

八日秋社

京师八日秋社,各以社糕、社酒相馈送,贵戚宫院多切肉和蔬果铺于饭上,谓之社饭。人家妇女,皆归外家,姨舅辄以新葫芦贻之,云宜外甥。(《自得语》)

十三四卖果子

《八月》云:"今日是几来?十三四来,您不买我这沙果苹果闻香的果来,哎,二百的四十来。"注云:"临节果摊。"(《一岁货声》)

果子市在前门东,每八月十三四两夜,列灯火如昼。出诸果陈列,充溢一市。(《都门琐记》)

中秋临节,街市遍设果摊,雅尔梨、沙果梨、白梨、水梨、苹果、林檎、沙果、槟子、秋果、海棠、欧李、青柿、鲜枣、葡萄、晚桃、桃奴。又有带枝毛豆、果藕、红黄鸡冠花、西瓜。(《春明采风志》)

中秋看月会

燕都士庶,中秋馈遗月饼西瓜之属,名"看月会"。(《月令广义》)

中秋月宫符

中秋夜,人家各置月宫符像,符上兔如人立,陈瓜果于庭,饼面绘月中蟾兔,男女肃拜烧香,旦而焚之。(《北京岁华记》)

彭蕴章《幽州土风吟·月宫符》云:"月宫符,画成玉兔瑶台居;月宫饼,制就银蟾紫府影。一双蟾兔满人间,悔煞嫦娥窃药年;奔入广寒归不得,空劳玉杵驻

丹颜。瑳兮傩痴纷纷还,羡我阿姨赠尔新葫芦,不须月下陈瓜果。"(《松风阁诗钞》)

中秋兔儿爷

京师中秋节,多以泥抟兔形,衣冠踞坐如人状,儿女祀而拜之。(《花王阁剩稿》)

《道光都门杂咏·中秋》云:"莫题旧债万愁删,忘却时光心自闲。瞥眼忽惊佳节近,满街争摆兔儿山。"(《道光都门纪略》)

中秋街市卖兔儿爷,家家供月纸,画兔像,名月光纸。(《燕都杂咏》注)

都下例于中秋,家家祀月中之兔,尊之为"兔儿爷"。逐利者肖其像如人状,有泥塑者、布扎者、纸绘者,堆积市上,几于小山,家人携小儿女购归,陈瓜果拜之。(《侧帽余谭》)

每届中秋,市人之巧者用黄土抟成蟾兔之像以出售,谓之兔儿爷。有衣冠而张盖者,有甲胄而带纛旗者,有骑虎者,有默坐者。大者三尺,小者尺余。其

余匠艺工人无美不备，盖亦谑而虐矣。(《燕京岁时记》)

刮打嘴兔儿爷，其制空膛，活安上唇，中系以线，下扯其线，则唇乱捣，故以此名。(《春明采风志》)

中秋日，京师以泥塑兔神，兔面人身，面贴金泥，身施彩绘，巨者高三四尺，值近万钱。贵家巨室，多购归，以香花饼果供养之，禁中亦然。(《清稗类钞》)

十五月饼

八月，宫中赏秋海棠、玉簪花。自初一日起，即有卖月饼者。加以西瓜、藕，互相馈送。西苑踵藕。至十五日，家家供月饼瓜果，候月上焚香后，即大肆饮啖，多竟夜始散席者。如有剩月饼，仍整收于干燥风凉之处，至岁暮合家分用之，曰"团圆饼"也。始造新酒，蟹始肥。(《酌中志》)

《都门杂咏·月饼》云："红白翻毛制造精，中秋送礼遍都城。论斤成套皆低货，馅少皮干大半生。"(《同治都门纪略》)

中秋月饼，以前门致美斋者为京都第一，他处不足食也。至供月月饼到处皆有，大者尺余，上绘月宫蟾兔之形。有祭毕而食者，有留至除夕而食者，谓之"团圆饼"。（《燕京岁时记》）

十五祭月

八月十五日祭月，其祭果饼必圆，分瓜必牙错瓣刻之如莲花。纸肆市月光纸，缋满月像，趺坐莲花者，月光遍照菩萨也；华下月轮桂殿，有兔杵而人立捣药臼中。纸小者三寸，大者丈，致工者金碧缤纷。家设月光位于月所出方，向月供而拜，则焚月光纸撤所供，散家之人必遍。月饼月果，戚属馈相报，饼有径二尺者。女归宁，是日必返其夫家，曰"团圆节"也。（《帝京景物略》）

八月十五日祭月，祭用果饼，剖瓜如莲花，设月光纸，向月而拜，焚纸撤供，散家人必遍。（《舆地记》）

八月十五日祭月，其祭用果饼，剖瓜瓣如莲花，设月光纸，向月而拜，焚纸撤供，散家人。（《康熙大兴县志》）

八月

中秋，人家贺月宫，图中绘兔，人立，男女陈瓜果，拜兔爷。（《燕京杂记》）

十五日谓之中秋节，人家以月饼相遗，取团圆之义。前三五日，通衢大市，搭盖芦棚，内设高岸盒筐，满置鲜果瓜蓏，如桃、榴、梨、枣、葡萄、苹果之类。晚间，灯下一望，红绿相间，香气袭人，买果者高声卖鬻，一路不断。而日间市中，以土塑兔儿像，有顶盔束甲如将军者，有短衫担物如小贩者，有立起舞如饮酒燕乐者，大至数尺，小不及寸，名目形像，指不胜数，与彩画土质人马之类，罗列高架而卖之，以娱小儿，号为"兔儿爷"。至望日，于月下设鲜果、月饼、鸡冠花、黄豆枝等物，人家妇女拈香先拜，男子后拜，以妇女为属阴，故祭月先之，此取义之正也。礼毕，家中长幼咸集，盛设瓜果酒肴，于庭中聚饮，谓之"团圆酒"。（《京都风俗志》）

京师之曰八月节者，即中秋节也。每届中秋，府第朱门皆以月饼果品相馈赠。至十五月圆时，陈瓜果于庭以供月，并祀以毛豆、鸡冠花。是时也，皓魄当空，彩云初散，传杯洗盏，儿女喧哗，真所谓佳节也。惟供月时，男子多不叩拜。故京师谚曰："男不拜月，女不祭灶。"

凡中秋供月，西瓜必参差切之，如莲花瓣形。（《燕京岁时记》）

北平俗曲《中秋节》云："荷花未全卸，又到了中秋佳节，家家户户把月饼切，香蜡纸马兔儿爷，庆中秋，美酒多欢乐，整杯盘，猜拳行令同赏月。"（《百本张钞本岔曲》）

八月中秋月光圆，供月须当对广寒，女拜回避男，果品要周全，家家都赴团圆宴，男女老少打个圆盘，喝五又呼三，行令又滑拳。（北平俗曲《十二景》）

八月十三日至十五日为中秋节，俗呼为八月节，街市繁盛，果摊、泥兔（俗呼兔儿爷，范泥为之，人身兔首，其衣冠施彩色，或坐或立，或担担，或捣杵，或骑各兽，皆贯角于头顶，大者背插旗伞，小儿买之以为玩物）摊，所在皆是。十五月圆时，设月光马（上绘太阴星君，如菩萨像，下绘月宫及执杵作人立形之捣药玉兔，大者三四尺，小者尺余，工致者金碧辉煌）于庭，供以瓜果、月饼、毛豆枝、鸡冠花、萝卜、藕、西瓜等品，惟供月时男子多不叩拜，谚云："男不拜月，女不祭灶。"供月毕，家人团坐，饮酒赏月，谓之"团圆节"。又将祀月之月饼,按人数切块分食,谓之"团圆饼",亦有留至除夕而食者。商家亦于是夜设宴,并招邻店之人,延之同饮。(《民社北平指南》)

中秋搪账

《都门杂咏·搪账》云:"中秋佳节月通宵,债主盈门不肯饶。老幼停杯声寂寂,团圆酒饮在明朝。"(《同治都门纪略》)

中秋送节礼

中秋,大家互送节礼,送馆师节敬,放学三日,赏奴仆钱,铺肆送账帖,每节如此。(《春明采风志》)

九　月

九月全月

九月,御前进安菊花。自初一日起,吃花糕。宫眷内臣自初四日换穿罗,重阳景菊花补子蟒衣。九日重阳节,驾幸万寿山,或兔儿山、旋磨山登高。吃迎霜麻辣兔,饮菊花酒。是月也,糟瓜茄,糊房窗,制诸菜蔬,抖晒皮衣,制衣御寒。(《酌中志》)

《燕台新月令·九月》云:"是月也,青蝇痴,染坊账乞,花糕树帜,妇归必返,酸枣捣为糕,西风夜吼,地皮白,炕火复燃。"(《水曹清暇录》)

九月菊花

重阳前后,内官设宴相邀,谓之"迎霜宴"。席间食兔,谓之"迎霜兔",好事者绕室列菊花数十层,后者轩,前者轾,望之若山坡然,五色绚烂,环围无隙,名曰"花城"。(秦征兰《天启宫词》注)

枣花寺三月牡丹，闵忠寺九月菊花，皆极盛。以寺僧禁酒，故无醉卧绮云香雪下者，然斑骓则亦骎骎矣。（《金台残泪记》）

《九月》云："栽九花来。"注云："菊花俗呼九花，以九月可开。"（《一岁货声》）

九花者，菊花也。每届重阳，富贵之家以九花数百盆，架庋广厦中，前轩后轾，望之若山，曰九花山子。四面堆积者曰九花塔。（《燕京岁时记》）

都门菊花，种类颇多，满街高呼，助人秋兴，然称其名曰"九花"，殆以菊至九月盛开故耶。（《京华百二竹枝词》注）

九月食迎霜兔

九月，食迎霜兔。（《燕都杂咏》注）

霜降验冰

霜降日，或云是日必见冰，盖此日去初伏一百日也。或于菜蔬上稍见冰凌，即为证验。（《京都风俗志》）

初七埋白牛

《燕京杂咏》:"移帐近深秋,遗风瘗白牛。夜凉看露鼻,如喘月当头。"注云:"辽俗,九月初七日,屠白牛埋之,露其鼻,越八日,移寝帐其上。"(见《历代旧闻》)

九日打围

辽俗,九月九日打围,赌射虎,少者为负,输重九一筵席。射罢,于地高处卓帐,饮菊花酒,出兔肝生切,以鹿舌酱拌食之。(《燕北杂记》)

九日花糕

九月九日,都中以面为糕馈遗,作重阳节,亦于阛阓中笎筴芦席叫卖,如七夕午节。市人又多以小扛车上街沿叫卖。士庶官员亦以追节为重,贵往还燕礼,如常故事。(《析津志》)

《都门杂咏·花糕》云:"中秋才过近重阳,又见花糕各处忙。面夹双层多枣栗,当筵题句傲刘郎。"(《同治都门纪略》)

重九日，人家以花糕为献，其糕以麦面作双饼，中夹果品，上有双羊像，谓之"重阳花糕"。亦有携榼于城外高阜处御酒食肉者，谓之"登高"，亦古人之遗俗也。（《京都风俗志》）

花糕有二种，其一以糖面为之，中夹细果，两层、三层不同，乃花糕之美者；其一蒸饼之上星星然缀以枣栗，乃糕之次者也。每届重阳，市肆间预为制造以供用。（《燕京岁时记》）

《文昌杂录》记唐人岁时食物甚详，今惟端午粽、重阳糕尚存，余者竟无一在。（《天咫偶闻》）

九日真觉寺

九日集无定所，而阜成门外真觉寺金刚宝座，游人为多。市上卖糕人，头带吉祥字。霜降后斗鹌鹑，笼于袖中，若捧珍宝。（《北平岁华记》）

九日登高

九月九日，载酒具、茶炉、食榼，曰"登高"。香山诸山，高山也；法藏寺，高塔也；显灵宫、报国寺，高阁也，释不登。赁园亭，闯坊曲，为娱耳。面饼种枣栗其面，星星然，曰"花糕"。糕肆摽彩旗，曰"花糕旗"。父母家必迎女来食花糕，或不得迎，母则诟，女则怨诧，小妹则泣望其姊姨，亦曰"女儿节"。（《帝京景物略》）

九月九日，面饼缀枣，曰花糕。聚类携尊，登高适兴，其有女者必迎归。（《舆地记》）

九月九日，载酒具、茶炉、食榼，寻园榭丘阜为娱，曰"登高"。面饼嵌枣栗为花糕。父母家必迎女归，亦曰"女儿节"。（《康熙大兴县志》）

黑窑厂与陶然亭接壤，都人登高，多往游焉。（《水曹清暇录》）

彭蕴章《幽州土风吟·卖糕人》云："菊花酒，鹿舌酱，九日登高卓皂帐。幽州古俗重围场，雕弓射猎西山上。时平久觉猛虎驯，马上健儿多好文。今日登高遇佳节，去寻市上卖糕人。"（《松风阁诗钞》）

九 月

"土城关上去登高，载酒吟诗兴致豪。遥望蓟门烟树外，几人惆怅尚题糕。"（《京都竹枝词·名胜》）

窑台在南城黑窑厂，地洼，多生芦苇，近地坛后野凫潭，都人多于此登高。（《燕都杂咏》注）

"枫林一望雨来殷，秋后风光为解颜。重九登高先定约，飞觞最好九龙山。"（《都门新竹枝词·游赏》）

京师谓重阳为九月九。每届九月九日，则都人士提壶携榼，出郭登高，南则在天宁寺、陶然亭、龙爪槐等处，北则蓟门烟树、清净化城等处，远则西山八刹等处，赋诗饮酒，烤肉分糕，洵一时之快事也。（《燕京岁时记》）

天坛之东有法藏寺，浮图十三级。登之，所见甚远，都人以重九登高于此。

九月初九日游法藏寺，登浮图，齐化门外土城登高。（《天咫偶闻》）

白塔寺在平则门内，以塔得名，九日登高，士女云集，不见一题糕载酒者。（《京华百二竹枝词》注）

九月初九日为重阳节。居民率多提壶携榼，出郭登高，如钓鱼台（俗呼望河楼）、陶然亭、龙爪槐、天宁寺、蓟门烟树、清净化城以及西山八大刹等处，皆游观之所也。近年多至北海公园之白塔山上，天朗气清，登高远眺，洵一时之快事也。是日，居民多食羊肉火锅，又食花糕，盖以麦粉为糕，置枣栗糖果于上者也。父母必迎其出嫁之女同食之，故亦曰"女儿节"。是月也，菊花盛开，巨室每陈花作山形，或缀成吉祥字，招邀戚友，把酒赏菊；中等之家，则栽花于盆，阶下案头，以时观赏。近则中山、北海各公园及西郊之万牲园，类皆举行赛菊大会，亦盛事也。（《民社北平指南》）

重阳闹染坊

重阳，乞丐向染坊讹索，名"闹染坊"。（《燕都杂咏》注）

重阳赛马

钓鱼台在阜城门外三里许，有行宫一所，南向。每届重阳，长安少年多于此处赛马。（《燕京岁时记》）

重阳酒果

重阳时以良乡酒配糟蟹等而尝之，最为甘美。良乡酒者，本产于良乡，近京师亦能造之。其味清醇，饮之舒畅，但畏热不能过夏耳。鸭儿广，梨属，形如木瓜，色如鸭黄，广者，黄之转音也。柿子、山里红，其用甚多，皆京师应序之物也。（《燕京岁时记》）

重九蒸蟹

都人重九，喜食蒸蟹。（《天咫偶闻》）

十五财神庙

财神庙在彰仪门外，每至九月，自十五日起，开庙三日。祈祷相属，而梨园子弟与青楼校书等为尤多。士大夫之好事者，亦或命驾往观焉。（《燕京岁时记》）

晦夕验风

卖皮货客，每于九月晦夕聚饮，候至宵分交子之时，占验西北风急，则冬令必严寒，皮货希得善价，交相酬酢，欢呼达旦。（《水曹清暇录》）

秋末冬菜

《燕都杂咏》:"几日清霜降,寒畦摘晚菘。一绳檐下挂,暖日晒晴冬。"注云:"秋末冬初,白菜嫩心,椒盐蒸熟,晒干,可久藏至远,所谓京冬菜也。"(见《都城琐记》)

元旦賀年

清明扫墓

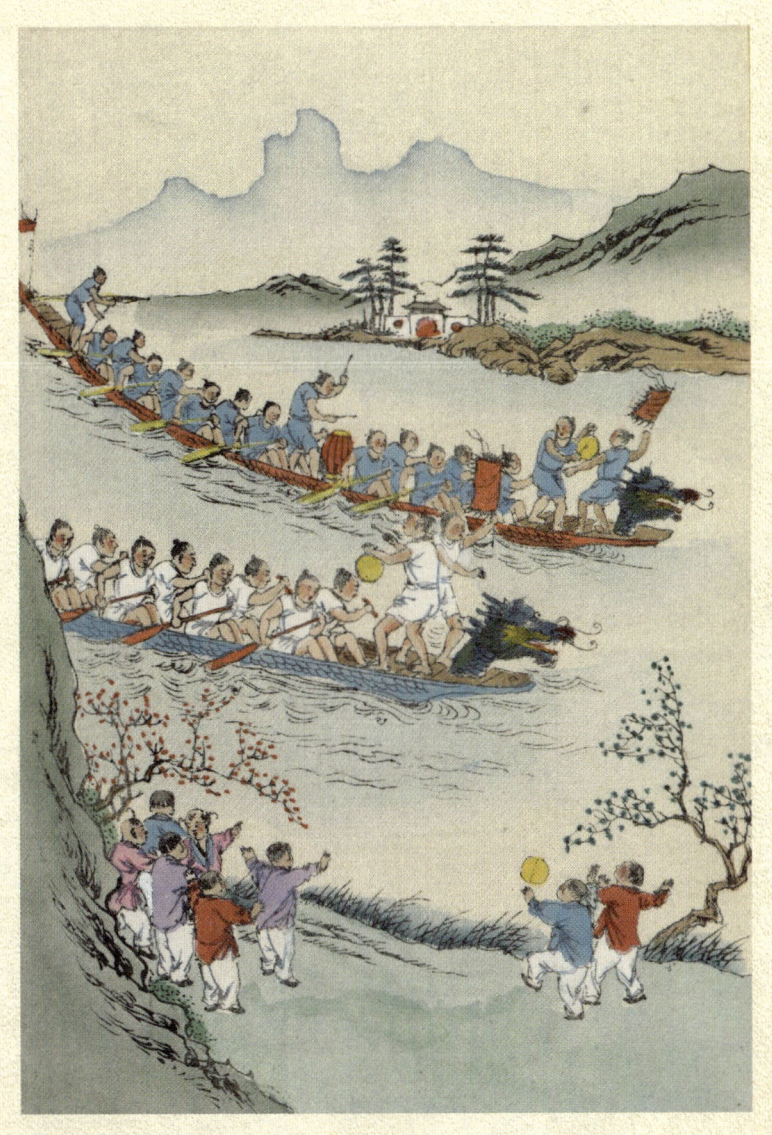

端阳竞渡

中元思亲

中秋赏月

重九登高

祈福祭灶

除夕谢年

十 月

十月全月

欧阳原功《渔家傲》词："十月都人家旨蓄，霜菘雪韭冰芦菔。暖炕煤炉香豆熟，燔獐鹿，高昌家赛羊头福。　貂袖豹袪银鼠襬，美人来往毡车续。花户油窗通晓旭，回寒燠，梅花一夜开金屋。"（《圭斋集》）

《燕台新月令·十月》云："是月也，历乃颁，鹌鹑居手，蒲帘在户，羊始市，蝈蝈入于怀，僧道课经，豆腐冻，山兔化为猫。"（《水曹清暇录》）

十月掷贝石

是月羊始市，儿取羊后胫之膝之轮骨，曰"贝石"，置一而一掷之。置者不动，掷之不过，置者乃掷，置者若动，掷之而过，胜负以生。其骨轮四面两端，凹曰真，凸曰诡，勾曰骚，轮曰背，立曰顶。骨律，其顶岐亦曰真，平亦曰诡。盖真胜诡负而骚背间，顶平再胜，顶岐三胜也。其胜负也以贝石。（《帝京景物略》）

十月

十月射猎

张耒诗云:"十月北风燕草黄,燕人马饱风力强。虎皮裁鞍雕羽箭,射杀阴山双白狼。"(见《渌水亭杂识》)

十月玩虫

油葫芦市,并卖蛐蛐、蝈蝈,十月盛行,以竹筒贮之,纳入怀中,听以鼠须探之即鸣。蝈蝈兴,使抹之,以铜渣和松香为膏,点镜上,振羽即带铜音,出卖者以针插帽为标记。(《道光都门纪略》)

京师五月以后,则有蝈蝈儿,沿街叫卖,每枚不过一二文。至十月,则燃煜者生,每枚可值数千矣。七月中旬则有蛐蛐儿,贵者可值数金,有白麻头、黄麻头、蟹壳青、琵琶翅、梅花翅、竹节须之别,以其能战斗也。至十月,一枚不过数百文,取其鸣而已矣。蛐蛐儿之类,又有油壶卢,当秋令时,一文可买十余枚,至十月,则一枚可值数千文。盖其鸣时,铿锵断续,声颤而长,冬夜听之,可悲可喜,真闲人之韵事也。(《燕京岁时记》)

十月食品

《十月》云:"秋的来红海棠来,没有虫儿来,黑的来糖枣儿来,没有核来。"

又云:"栗子味的白薯来,是栗子的味的白薯来……"(《一岁货声》)

京师食品亦有关于时令。十月以后,则有栗子、白薯等物。栗子来时用黑砂炒熟,甘美异常。青灯诵读之余,剥而食之,颇有味外之味。白薯贫富皆嗜,不假扶持,用火煨熟,自然甘美,较之山药、芋头,尤足济世,可方为朴实有用之材。中果、南糖到处有之。萨齐玛,乃满洲饽饽,以冰糖、奶油合白面为之,形如糯米,用不灰木烘炉烤熟,遂成方块,甜腻可食。芙蓉糕与萨齐玛同,但面有红糖,艳如芙蓉耳。冰糖壶卢,乃用竹签贯以葡萄、山药豆、海棠果、山里红等物,蘸以冰糖,甜脆而凉。冬夜食之,颇能去煤炭之气。温朴,形如樱桃而坚实,以蜜渍之,既酸且甜,颇能下酒。皆京师应时之食品也。

十月间,冬笋、银鱼之初到京者,由崇文门监督照例呈进,与三月黄花鱼同。(《燕京岁时记》)

十月玩瓜

每至十月,市肆之间则有赤包儿、斗姑娘等物。赤包儿,蔓生,形如甜瓜而小,至初冬乃红,柔软可玩。斗姑娘,形如小茄,赤如珊瑚,圆润光滑,小儿女多爱之,故曰"斗姑娘"。海棠木瓜,大者二寸,青而不黄,较之南来木瓜,其香尤烈。沤朴,形如橘柚而坚实,性如木瓜而有毛,以之薰衣,香可经月不散,亦应时之物产也。(《燕京岁时记》)

十月禽鸟

禽鸟之来,最关时令。京师十月以后,则有梧桐鸟等。梧桐者,长六七寸,灰身黑翅,黄嘴短尾,市儿买而调之,能于空中接弹丸,谓之打弹儿。交嘴者,长四五寸,嘴左右交,以别雌雄,有红黄二色,驯而扰者能开锁衔旗。祝顶红者,小于家雀而红其顶,技如交嘴,而灵巧过之。老西儿者,形如梧桐而黑嘴,技同而价贱,饕餮之辈亦有食之者。燕巧儿者,形如燕子,亦能于空中接弹丸,而飞腾尤速。此皆京师之时禽。至于秋天鸿雁、社日乌衣,则有月令在。(《燕京岁时记》)

十月儿童玩物

儿童玩好，亦有关于时令。京师十月以后，则有风筝、毽儿等物。风筝即纸鸢，缚竹为骨，以纸糊之，制成仙鹤、孔雀、沙雁、飞虎之类，绘画极工。儿童放之空中，最能清目。有带风琴锣鼓者，更抑扬可听，故谓之风筝也。毽儿者，垫以皮钱，衬以铜钱，束以雕翎，缚以皮带，儿童踢弄之，足以活血御寒。琉璃喇叭者，口如酒盏，柄长二三尺；咘咘噔者，形如壶卢而长柄，大小不一，皆琉璃厂所制，儿童呼吸之，足以导引清气。太平鼓者，系铁圈之上蒙以驴皮，形如团扇，柄下缀以铁环，儿童三五成群，以藤仗击之，鼓声冬冬然，环声铮铮然，上下相应，即所谓迎年之鼓也。空钟者，形如车轮，中有短轴，儿童以双杖系棉线播弄之，俨如天外晨钟。（《燕京岁时记》）

十月蹴球

十月以后，寒贱之子琢石为球，以足蹴之，前后交击为胜。盖京师多寒，足指酸冻，儿童踢弄之，足以活血御寒，亦蹴鞠之类也。（《燕京岁时记》）

立冬食荞面

十一月立冬日,或有食荞面等物,谓能益人。(《京都风俗志》)

一日靴生日

燕市卖靴人,以十月一日为靴生日,供具祭之,以其阴晴卜一冬寒燠。(《宛署杂记》)

朔日上冢

十月朔,上冢如中元,祭用豆泥骨朵。(《北京岁华记》)

初一颁历

十月初一日,颁历。初四日,宫眷内臣换穿纻丝。吃羊肉、炮炒羊肚、麻辣兔、虎眼等,各样细糖。凡平时所摆玩石榴等花树,俱连盆入窖。吃牛乳、乳饼、奶皮、奶窝、酥糕、鲍螺,直至春二月方止。是月也,始调鹰畋猎,斗鸡。(《酌中志》)

十月颁历以后,大小书肆出售宪书,衢巷之间亦有

负箱唱卖者。(《燕京岁时记》)

十月颁历，在官皆领，以后书肆出售，街巷亦有负箱唱卖者。又有卖春牛图者，牛儿芒儿，一文钱两张，谓之小黄历。又逢奇怪事，有卖图儿者，行喊其事。(《春明采风志》)

一日送寒衣

十月一日，纸肆裁纸五色，作男女衣，长尺有咫，曰"寒衣"。有疏印缄，识其姓字辈行，如寄书然，家家修具夜奠，呼而焚之其门，曰"送寒衣"。新丧，白纸为之，曰新鬼不敢衣彩也。送白衣者哭，女声十九，男声十一。(《帝京景物略》)

十月一日，裁五色纸作男女衣，曰"寒衣"。修具祀其先，持纸钱焚之，曰"送寒衣"。新丧，白纸为之，或有祀于墓者。是月天始寒，里中父老，多捐资济贫，转相劝募，就寺庙施粥，施汤，施绵衣。(《舆地记》)

十月一日，裁五色纸作男女衣，曰"寒衣"。修具祀其先，持楮锭焚之，曰"送寒衣"。或有祀于墓者。

天始寒,里中父老,多捐资劝募,就寺庙施粥,施汤水,施绵衣。(《康熙大兴县志》)

《燕都杂咏》:"鬼也寒衣送,霜风十月交。纸灰飞不远,门外见烧包。"注云:"十月朔日,人家祭祖,送寒衣,烧包袱,多在家庭,不皆墓祭。"(见《都城琐记》)

十月朔日,人家奠先人于坟墓,或剪彩纸,如人衣状,及楮钱等物;焚之,谓之"送寒衣"。谚云"十月一,送寒衣",即斯时也。严寒将来,送衣于祖考,不忘本也。(《京都风俗志》)

十月初一日,乃都人祭扫之候,俗谓之"送寒衣"。(《燕京岁时记》)

十月初一日为市民祭扫坟茔之期,俗谓之"送寒衣"。寒衣者,以五色纸剪之为衣裤,长不满尺,外有纸袱盛之,上书祖先爵秩名号及年月日,下注后裔某某谨奉,焚之于冢上,亦有于家中焚之者。又平市居民,例于是日添设煤火,至翌年二月一日撤火。今日各公署学校及一切公共处所,类皆沿之,类以是时为平市气候最寒之时也。(《民社北平指南》)

朔日赐衣袄

京朝官过十月朔，传旨赐貂，东貂紫，西貂青，然以金貂为贵，金貂黄，非上不御也。

京军每年以十月朔颁给袢袄，袢袄取诸东南外廯，费官帑银不知几十万。（《旧京遗事》）

一日城隍出巡

"十月城隍又出巡，（清明、十月一日，两次出巡。）旌旗蔽日少风尘。可怜多少如花女，爱作披枷带锁人。"（《京都竹枝词·游览》）

十月初一日，城隍庙厉坛，人家上冢。（《天咫偶闻》）

朔日生火

京师地气苦寒，向于每岁十月朔生火至二月朔，然遇极冷之日，虽火不温。（《风月谈余录》）

京师居人例于十月初一日添设煤火，二月初一日撤

火。火炉系不灰木为之,白于矾石,轻暖坚固。(《燕京岁时记》)

京师居人例于十月初一日添设煤火,二月初一日撤之。炉多用不灰木者,以其四围皆暖也。炉中用其小者,矮而肥,谓之小胖小子。寒家以花盆乘之,小者茸之,省而耐久;近岁有薄铁做成者,轻而便。(《春明采风志》)

十五下元节

十五日为下元节,俗传水官解厄之辰,或有持斋诵经者。(《京都风俗志》)

十五合操

仰山洼在安定门外正北十里,有将台一座。每至十月十五日,八旗合操,演九进十连环,前锋护军统领跑交冲马,已成俗例。太寒之岁,兵丁有冻毙者,故非豪侠少年不能往观也。(《燕京岁时记》)

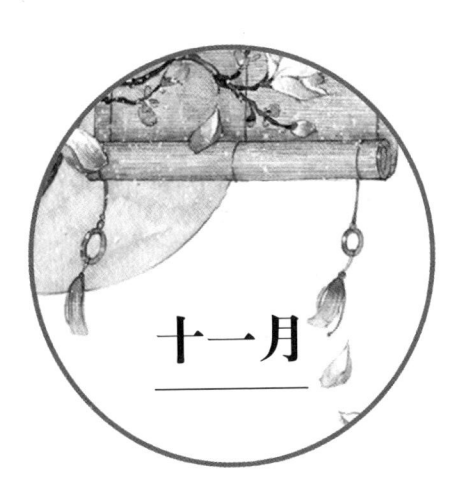

十一月

十一月全月

欧阳原功《渔家傲》词："十一月都人居暖阁，吴中雪纸明如垩。锦帐豪家深夜酌，金鸡喔，东家撒雪西家噱。　　纤指柔长宫线弱，阳回九九官冰凿。尽道今冬冰不薄，都人乐，官家喜爱新年朔。"（《圭斋集》）

十一月，人家墐户，藏花木于窖，食兔羹。女子嫁者多归宁，为母浣濯，曰"报娘恩"。琢石如弹丸，置于地，童子以足送之，前后交击为胜。始击羯鼓，鼓用铁为围，单皮覆之，每十人五人聚击，女子亦然。（《北京岁华记》）

十一月，是月也，百官传戴暖耳。冬至节，宫眷内臣皆穿阳生补子蟒衣，室中多挂"绵羊引子"画贴。司礼监印刷九九消寒诗图，每九诗四句，自"一九初寒才是冬"起，至"日月星辰不住忙"止，皆瞽词俚语之类，非词臣应制所作，又非御制，不知如何相传耳，久遵而不改。近年多易以新式诗句之图二三种，传尚未广。此月糟腌猪蹄尾、鹅脆掌、羊肉，包扁食、馄饨，以为阳生之义。冬笋到，则不惜重价买之。是月也，天已寒，每日清晨吃辣汤，吃生炒肉、浑酒以御寒。（《酌中志》）

《燕台新月令·十一月》云："是月也，滑擦聚冰，拖床为渡，黄芽菜皮剥，鹿角解，辽货集，土有禁，苦菜食其根。"（《水曹清暇录》）

冬月糊窗

京师冬月，既以纸糊窗，格间用琉璃片，画作花草人物嵌之，由室中视外，无微不瞩，从外而观，则无所见，此欧阳楚公《十月·渔家傲》词所云"花户油窗"也，盖元时习俗已尚之。（《莼渔词话》）

冬月昭君套

冬月闺中以貂皮覆额，名"昭君套"。（《燕都杂咏》注）

冬月施衣粥

五城普济堂、功德林,冬月发帑散棉衣,施粥。(《燕都杂咏》注)

冬月打滑挞

禁中冬月打滑挞,先汲水浇成冰山,高三四丈,莹滑无比,使勇健者着带毛猪皮履,其滑更甚,从顶上一直挺立而下,以到地不仆者为胜。(《郎潜纪闻》)

冬月糕

《冬月》云:"粘糕,豆糁糕。"注云:"粘加枣糁,加枣泥。"(《一岁货声》)

冬月糖

"白糖馅喽,灌馅的糖嗳哎……喽。"注云:"挑担,前设方盘,有鸣小锣者,自冬卖到二月初间,红白人参糖、鹿筋糖、姜丝糖、玫瑰糖、酸糕糕、鸡骨糖、白麻花、灌馅糖。近岁有担两筐,上设玫瑰匣者,糖杂梨糕,多非旧品。"(《一岁货声》)

冬月领貂褂银

每至冬月，凡乾清门侍卫及大门侍卫等，均由本管支领貂褂银子，人各数十金。（《燕京岁时记》）

冬至拜贺

冬至日，太史院进历，回回太史进历。又进画历后，市即有卖新历者。宰相于至日亲率百辟恭贺，递手帕，随贡方物。士庶人家并行贺礼。（《析津志》）

京师最重冬节，不问贵贱，贺者奔走往来，家置一簿，题名满幅。自正统己巳之变，此礼顿废。（《孤树裒谈》）

十一月冬至日，百官贺冬毕，吉服三日，具红笺互拜，朱衣交于衢，一如元旦。民间不尔，惟妇制履舄，上其舅姑。（《帝京景物略》）

冬至候日刺绣

刺绣亭，冬至则候日于此，亭边有一线竿，竿下为缉衮堂，至日命宫人把刺，以验一线之功。（《元氏掖庭记》）

冬至九九图

日冬至，画素梅一枝，为瓣八十有一，日染一瓣，瓣尽而九九出，则春深矣，曰九九消寒图。有直作圈九丛、丛九圈者，刻而市之，附以九九之歌，述其寒燠之候。歌曰："一九至二九，相唤不出手。三九二十七，篱头吹觱篥。四九三十六，夜眠如露宿。五九四十五，家家堆盐虎。六九五十四，口中呵暖气。七九六十三，行人把衣单。八九七十二，猫狗寻阴地。九九八十一，穷汉受罪毕，才要伸脚睡，蚊虫蝎蚤出。"

杨允孚《杂咏》诗："试数窗间九九图，余寒消尽暖回初。梅花点遍无余白，看到今朝是杏株。"（《帝京景物略》）

每年长至节，司礼监刷印九九销寒图，宫眷黏之壁间，每九系以一诗，皆浅鄙者。（秦征兰《天启宫词》注）

十一月冬至日，百官朝贺毕，退祀其先，具刺互拜，如元旦仪。俗画梅一枝，为瓣八十有一，日染一瓣，瓣尽而九尽，则春深矣。（《康熙宛平县志》）

冬至日，俗谓之属九，或画纸为八十一圈。每日分

阴晴涂一圈，记阴晴多寡，谓之九九消寒图，以占来年丰歉。（《京都风俗志》）

消寒图乃九格八十一圈。自冬至起，日涂一圈，上阴下晴，左风右雨雪当中。（《燕京岁时记》）

十一月通称冬月，谚谓"冬至馄饨夏至面"者，盖是月遇冬至日，居民多食馄饨，犹夏至之必食面条也。有于是日作消寒图者，图以一纸绘九格，格绘九圈，凡八十一圈，自冬至日起，日涂一圈。其法上阴下晴，左风右雨雪当中。圈涂尽，则九九毕。风雅之士，则绘素梅一枝，梅瓣八十一，亦分别阴晴风雪而日染一瓣，则较前法为雅矣。（《民社北平指南》）

冬至南人祀先

燕俗不重冬祭，南人官于京者，设筵祀其先人，邀乡亲饮之。（《燕京杂记》）

冬至食馄饨

冬至，郊天令节，百官呈递贺表。民间不为节，惟食馄饨而已，与夏至之食面同，故京师谚曰："冬至馄

饨夏至面。"(《燕京岁时记》)

冬至打冰

冬至三九则冰坚,于夜内凿之,声如錾石,曰打冰。三九以后,冰虽坚不能用矣。(《燕京岁时记》)

冬至玩具

冬至月数九天,当头月儿圆,风筝带风琴,锣鼓响连天,怕的是在空中抽咕冷子断了线。踢毽抖空钟,琉璃喇叭欢,手打太平鼓,口琴满街串。买来的走马灯,点上滴溜转。(《北平俗曲《十二景》)

初一开炉节

每年十一月初一日,宫中始烧暖炕,设围炉,旧谓之"开炉节"。(《人海记》)

初一翻褂子

冬至月初一日,臣工之得着貂裘者,均于是日一体穿用,谓之"翻褂子"。(《燕京岁时记》)

十五月当头

冬月十五日月当头,如遇望时,则塔影无尖,人影亦极短。小儿女之好事者,必无睡以俟当头,临阶取影以验之。(《燕京岁时记》)

十一月十五日,看月当头。(《天咫偶闻》)

十二月

十二月全月

欧阳原功《渔家傲》词："十二月都人供暖箠，宫中障面霜风猎，甲第藏钩环侍妾，红袖廛，笑歌声送金蕉叶。　倦客玉堂寒正怯，晓洮金井冰生鬣。冻合灶瓢饧一碟，吴霜镊，换年懒写宜春帖。"（《圭斋集》）

腊月，诸物价昂，盖年景丰裕，人工忙促，故有"腊月水土贵三分"之谚。高年人于岁逼时，训饬后辈谨慎出入，又有"二十七八，平抢平抓"之谚。（《帝京岁时纪胜》）

十二月初一日起，便家家买猪腌肉。吃灌肠，吃油渣、卤煮猪头、烩羊头、爆炒羊肚、炸铁脚小雀加鸡子、清蒸牛乳白、酒糟蚶、糟蟹、炸银鱼等鱼、醋溜鲜鲫鱼、鲤鱼。钦赏腊八杂果粥米。是月也，进暖洞薰开牡丹等花。初八日，吃腊八粥。先期数日，将红枣捶破泡汤，至初八早，加粳米、白米、核桃仁、菱米煮粥，供佛圣前；户牖、园树、井灶之上，各分部之。举家皆吃，或亦互相馈送，夸精美也。廿四日祭灶。蒸点办年，竞买时兴紬缎制衣，以示侈美豪富。三十日岁暮，守岁。乾清宫丹墀内，自二十四日起，至次年正月十七日止，每日昼间放花炮，遇大风，暂止半日、一日。（《酌中志》）

十二月一日至岁除夜，小民为疾苦者，奉香一尺，宵行衢中，诵元君号，自述香愿，其声乌乌恻恻，曰"号佛"。行过井，过寺庙，则跪且拜而诵，香尽尺乃归。（《帝京景物略》）

十二月八日，先期凿冰，纳窖中。以豆果杂米为粥，供朝食，曰"腊八粥"。二十四日祀灶，与古礼祀于夏者不同。三十日，悬先像拜祀，长幼诣诸尊长家拜之，曰"辞岁"。立桃符，贴春联、门神、挂钱，插芝麻秸，燃松枝于庭，撤祀余，阖家饮食之，曰"守岁"。（《康熙大兴县志》）

十二月击羯鼓，或谓之腊鼓，又谓之迎年鼓。初八日，累米果至百，煮粥。二十四日，刻灶马祀灶，以板印灶神于纸，谓之"灶马"，祀后焚之。（《燕京杂记》）

《燕台新月令·十二月》云："是月也，莽式演于庭，窗眼出，皮球踢，太平鼓伐，徼枝登架，造化吃，戏园剪，庖丁为上客。"（《水曹清暇录》）

腊月里，整一年，封印后，官事完。扫房与祭灶，多忙乱，百般样东西子全得买，贴门神，挂对联，纸马香锞佛前献。（《北平俗曲《十二景》）

北平歌谣："老婆老婆你别馋，过了腊八儿就是年，腊八粥喝几天，漓漓拉拉二十三。二十三，糖瓜儿粘。二十四，扫房日。二十五，炸豆腐。二十六，炖羊肉。二十七，杀公鸡。二十八，把面儿发。二十九，蒸馒头。三十儿晚上熬一宵，大年初一去拜年。'您新禧''您多礼''一手白面不搀你，到家给你父母道新禧'。"（《北平歌谣集》）

十二月通称腊月，初八日啜粥，曰"腊八粥"。盖杂各色米、豆及菱角、芡实、枣栗、莲子诸物，熟煮以为糜。外以染有红色之桃仁、杏仁、花生、瓜子、葡萄干、青红丝、黑白糖等点缀之。五更即煮之，先祀祖供佛，后馈戚友。送粥时佐以各种蒸食及小菜。家畜之猫犬鸡雏，亦皆饲以粥。墙壁树木，有以粥抹之者。又有于是日以蒜浸醋，封而藏之，至次年新正启食者，曰"腊八蒜",又曰"腊八醋"。过腊八则扫房,盖亦实行大扫除之一道也。二十三日祭灶,供以糖饼、糖瓜、黍糕、胡桃等。又备草料凉水,谓用以秣灶君之马。祭时必使炉火炽盛,以糖饼置炉口,亦有缘而涂之者。相传灶君朝天,将人家善恶白于玉帝,以行赏罚,故置糖炉口,意以性有粘质,口粘不复能语。然后焚神纸时,必祝曰:"好话多说,不好话少说。"迷信之深,洵可笑也。祭毕,以糖果与家人食之。自是以后,即预备过年矣。卖年画者,卖花者,卖门神、挂钱者,卖松柏枝、芝麻秸者,卖陶瓷器者,叫呼络绎,不绝于门。街市则春联摊,年糕、馒头、鸡鸭、鱼肉、花木、果品,一切年货,无不俱备。商家居民,各于门前,纷贴挂钱、对联,凡几案铜锡各器,必拂拭一新;而沽酒市肉,以治肴馔,大有日不暇给之势,先除夕一日,则曰"小除夕",家置酒宴,往来招邀,曰"别岁",又曰"辞岁",亦有于除夕行辞岁之礼者。除夕夜,多不寝,曰"守岁"。以芝麻秸散置庭中,往来践蹈之,谓之踩岁。妇女多戴红石榴花,上缀小金元宝,则取吉祥发财之意也。又特于一碗中满盛大米饭,上插松枝小元宝,系以红线,串以制钱,并置枣栗荔枝等品于饭上,供于神前,谓之"年饭",取年年有饭吃之意也。市中更有贫儿,于除夕夜,持财神纸马,分送商店住户,呼曰:"送财神爷来啦!"主人必接受之,与以赏钱,大率四五枚，以取吉利也。如已接受而继续来送者，则曰"接啦"。未有直言"不要"者，以下均系民户习惯，自动为之。（《民社北平指南》）

腊月火花

京师隆冬，有黄芽菜、韭黄，盖富室地窖火炕中所成，贫民不能办也。（《五杂俎》）

腊月束梅于盎，匿地下五尺许，更深三尺，用马通然火，使地微温，梅渐放白，用纸笼之，鬻于市。小桃、郁李、迎春皆然。（《北京岁华记》）

京师花卉瓜果之属，皆穴地煴火，而种植其上，不时浇灌，无弗茂盛结实，故隆冬之际，一切蔬果皆有之。每正旦进牡丹、芍药，自历朝以来，沿为旧例。今上恶其不时，概从禁绝，惟冬月所藏苹婆、葡萄，尚如故也。（《玉堂荟记》）

京师冬月，养花者多鬻牡丹、芍药、红白梅、碧桃、探春诸花于庙市。其法置花树于暖室地炕，以火逼之，犹《癸辛杂识》所记马塍塘花之类。（《居易录谈》）

宋时武林马塍藏花之法，纸糊密室，凿地作坎，覆竹，置花其下，粪土以牛溲硫黄，然后置沸汤于坎中，候汤气薰蒸则扇之，经宿则花放，今京师园丁亦然。（《香祖笔记》）

京师马塍鬻花，往往发非时之品，早放者名唐花，盖以火烘之而生，然开不耐久。（《海南日抄》）

方朔《花洞》诗："掘地五尺承以茅，纸糊泥塞风不捎。向南一门接晴旭，门一启处花成巢。夏可使冬冬使夏，桃莲菊梅同一架。正讶冰条比晶坚，忽见牡丹如斗大。其余棠桂虽不妍，微馨亦可敌水仙。是何术技至于此？嗟哉人力能同天！相传其法亦不诡，熏以马通喷以水。水火气得阴阳调，遂使四时都一体。我闻李三郎，羯鼓催将柳杏芳；又闻殷七七，九日杜鹃开顷刻。若教百花凉燠尽如常，对此应皆减颜色。花心湛湛成露铺，花叶冉冉疑雨余。惜哉花质似剪彩，幸哉花瓣如画图。燕山自昔寒多苦，驺子律吹温立聚。试问今朝洞里花，可似当年谷中黍？挽回阳气须从宽，西北而今未畏寒。傥令筹水都宜稻，或者谈天可并看。看花何必生长叹，花下主人多笑粲。君不见京城南北买花家，几日凋残几日换。"（《金台游学草》）

十二月踢球

是月，小儿及贱闲人，以二石球置前，先一人踢一令远，一人随踢其一，再踢而及之，而中之，为胜。一踢即着焉，即过焉，与再踢不及者，同为负也。再踢而过焉，则让先一人随踢之。其法初为趾踵苦寒设，今遂用赌，如博然，有司申禁之，不止也。(《帝京景物略》)

十二月击羯鼓

彭蕴章《幽州土风吟·击羯鼓》云："玉面童，双文舄；石弹丸，随转侧；铁围皮，羯鼓击。是时黄昏东壁中，家家墐户炉火红。红炉煮得兔羹熟，替娘濯衣女归宿。"(《松风阁诗钞》)

十二月赏狍鹿

每至十二月，分赏王大臣等狍鹿。届时由内务府知照，自行领取。三品以下不预也。(《燕京岁时记》)

十二月藏冰

都城内外，如地安门外火神庙后，德胜门外西，阜

城门外北,宣武门外西,崇文门外东,朝阳门外南,皆有冰窖,以岁十二月藏冰,来岁入伏颁冰。(《天咫偶闻》)

三九冰坚,各处修窖存冰,以铁锥打冰,广尺许,长二尺许,谓之一方。诗所谓"纳于凌阴"者,即收冰入窖也。按旧俗传闻,临冻,各窖贿嘱昆明湖提闸放水,须一元宝(五十二两),冰始能厚。(《春明采风志》)

八日腊八粥

是月八日,禅家谓之腊八日,煮红枣粥以供佛饭僧。都中官员士庶作朱砂粥,传闻禁中亦如故事。(《析津志》)

十二月八日,赐百官粥。民间亦作腊八粥,以米果杂成之,品多者为胜。此盖循宋时故事,然宋时腊八乃十月八日。(《燕都游览志》)

八日,先期凿冰方尺,至日,纳冰窖中,鉴深二丈,冰以入,则固之,封如阜。内冰启冰,中涓为政。凡苹婆果入春而市者,附藏焉。附乎冰者,启之如初摘于树；离乎冰，则化如泥。其窖在安定门及崇文门外。是日，家效庵寺，豆果杂米为粥，供而朝食，曰"腊八粥"。（《帝京景物略》）

十二月八日，先期凿冰方数尺，纳窖中，封如阜。是日循腊祭遗风，以豆果杂米为粥，供朝食，曰"腊八粥"。（《康熙宛平县志》）

清宣宗《腊八粥》诗："一阳初复中大吕，谷粟为粥和豆煮；应节献佛矢心虔，默祝金光济众普。盈几馨香细细浮，堆盘果疏纷纷聚；共尝佳品达妙门，妙门色相传莲炬。童稚饱腹庆升平，还向街头击腊鼓。"（《养正书屋全集》）

腊八粥，一名八宝粥。每岁腊月八日，雍和宫熬粥，定制，派大臣监视，盖供上膳焉。其粥用糯米杂果品和糖而熬，民间每家煮之，或相馈遗。（《光绪顺天府志》）

十二月八日，人家煮杂米豆和胡桃、榛、松、枣、栗之类作粥，盛碗中，上铺干果色糖，谓之"腊八粥"，以献神佛。富室竞侈，其果糖皆极美饰，盛以哥汝瓷瓯，配以诸般糕点，馈送亲友，仅供一啜而已。黄衣僧寺亦多作粥，施粥之厂加枣栗，亦与平日不同。是日，以蒜瓣投醋中，密封之，俟除夕启食，其蒜青翠可爱，醋味甚美，谓之"腊八醋"。（《京都风俗志》）

腊八粥者，用黄米、白米、江米、小米、菱角米、栗子、红江豆、去皮枣泥等，合水煮熟，外用染红桃仁、杏仁、瓜子、花生、榛穰、松子，及白糖、红糖、琐琐葡萄，以作点染。切不可用莲子、扁豆、薏米、桂元，用则伤味。每至腊七日，则剥果涤器，终夜经营，至天明时则粥熟矣。除祀先供佛外，分馈亲友，不得过午。用红枣、桃仁等制成狮子、小儿等类，以见巧思。

大白菜者，乃盐腌白菜也。凡送粥之家，必以此为副。菜之美恶，可卜其家之盛衰。

雍和宫喇嘛于初八日夜内熬粥供佛，特派大臣监视，以昭诚敬。其粥锅之大，可容数石米。（以上《燕京岁时记》）

都门风土，例于腊八日，人家杂诸豆米为粥，其果实如榛、栗、菱、芡之类，矜奇斗胜，有多至数十种，皆渍染朱碧色，糖霜亦如之，饤饾盘内。闺中人或以枣泥堆作寿星、八仙之类，交相馈遗。（《天咫偶闻》）

腊八蒜

腊八蒜亦名腊八醋。腊日多以小坛甑贮醋,剥蒜浸其中,封固,正月初间取食之,蒜皆绿,味稍酸,颇佳,醋则味辣矣。(《春明采风志》)

十五卖年货

"西单、东四(东四牌楼、西单牌楼皆极热闹,故俗名西单、东四)画棚全,(腊月十五日搭画棚,至封印前后始开全。)处处张罗写对联。手折灯笼齐讨账,大家收拾过新年。"(《京都竹枝词·游览》)

十五日以后,市中卖年货者棋布星罗。如桌几笔墨,人丛作书,则卖春联者;五色新鲜,千张炫目,则卖画幅者;以及芦棚鳞次,摊架相依,则佛花供品,杯盆杵臼,凡祭神日用之物,堆积满道,各处皆然。人家铺肆,择日掸扫房屋,谓之扫房,整顿内外一切什物。买麻秸、柏枝、米、面、菜蔬、果品、酒肉、鸡鱼,凡食用之物,置办一新,以备过年。二十前后,官府封印,学子离塾。(《京都风俗志》)

每至腊月,繁盛之区,支搭席棚,售卖画片,妇女

儿童争购之，亦所以点缀年华也。(《燕京岁时记》)

画棚：画出杨柳青，属天津，印板设色，俗呼卫抹子，早年戏剧外，丛画中多有趣者，如《雪园景》《围景》《渔家乐》《桃花源》《乡村景》《庆乐丰年》《他骑骏马我骑驴》之类皆是也。光绪中钱慧安至彼，为出新裁，多拟故典及前人诗句，色改淡匀，高古俊逸，惜今皆不存，徒见俗鄙恶劣之一派也。

凡年终应用之物，入腊渐次街市设摊结棚，谓之蹿年。如腊八日前，菱角、米、枣、栗摊。次则年糕、馒首、干果、叶烟、面筋、干粉、香干、菜干、干葱、瓣蒜、绿盆、糙碗、平铺、木枝、芝麻秸、门神、挂钱、字画、对联；又有绫绢、佛花、鞭炮、卫画、蜜供、元宵、鱼虾、野牲各类，皆棚也。琉璃、铁丝、油彩、转沙、碰丝、走马，皆灯名。风筝、毽毛、口琴、纸牌、拈圆棋、升官图、江米人、太平鼓、响壶庐、琉璃喇叭，率皆童玩之物也。买办一切，谓之忙年。(《春明采风志》)

北平俗曲《打糖锣》云："正月里的银子腊月里就关，二十一二咳放黄钱。卖香炉蜡烛台儿的满街上叫唤，画儿棚子搭满了街前；神纸摊子摆着门神挂钱，汤羊和那鹿肉野鸡吃喝新鲜。关东鱼冻猪野猫堆在街前，爆竹床子佛龛和灶王龛。佛花供花儿，瓷器也出摊。祭灶的关东糖，卖到二十二三。元宝阡张绕街上串串，没折儿的先生写卖对联。家家户户都要过年，请香请蜡蜜供南鲜，粘糕馒首蒸食买全。祭神的猪头羊头，包饽饽的白面，猪羊牛肉，年例长钱。三十儿晚晌，煮饽饽捏完，火锅子装上，等着新姑爷拜年。踩岁的芝麻秸儿，院子里撒严。小幺儿们磕头，为的是弄钱；压岁的老官板儿，小抽子儿装圆。喜欢的个个跳跳蹿蹿，接神的鞭炮响声儿震天。初一一早都出去拜年，家家户户把门来关。有来的要见节，就说出去拜年；不到的又是挑礼，俗了个非凡。旗下爷们见面，有把满洲话翻。无非说的是新喜，吉语吉言。买卖爷们见了面也要拜年，把磕膝盖儿一拱，乱打乡谈，说的是新春大喜，大发财源。卖瓜子儿的小幺儿们，胡同儿串湾；打糖锣儿的也开了市唎，也要弄钱，打着一面糖锣儿，满街上叫唤。"（《百本张钞本赶板》）

十六以后脱灾

每岁十二月十六日以后，选日，用白黑羊毛为线，帝后及太子，自顶至手足，皆用羊毛线缠系之，坐于寝殿。蒙古巫觋念咒语，奉银槽贮火，置米糠于其中，沃以酥油，以其烟薰帝之身，断所系毛线，纳诸槽内。又

以红帛长数寸，帝手裂碎之，唾之者三，并投火中。即解所服衣帽付巫觋，谓之脱旧灾、迎新福云。(《元史·祭祀志》)

十九以后封印

每至十二月，于十九、二十、二十一、二十二四日之内，由钦天监选择吉期，照例封印，颁示天下，一体遵行。封印之日，各部院掌印司员必应邀请同僚欢聚畅饮，以酬一岁之劳。故每当封印以毕，万骑齐发，前门一带，拥挤非常，园馆居楼，均无隙地矣。封印之后，乞丐无赖攫货于市肆之间，毫无顾忌，盖谓官不办事也。亦恶俗也。(《燕京岁时记》)

十九以后封台

封印之后，梨园戏馆择日封台，八班合演，至来岁元旦则赐福开戏矣。亦所以歌咏升平也。(《燕京岁时记》)

封台：早先昆、弋、秦、徽各戏班于都内外各戏园，皆四日一转出箱，至岁终，次第集于一园演唱，为八班合演，然后封台。(《春明采风志》)

十九以后放学

儿童之读书者,于封印之后,塾师解馆,谓之"放年学"。(《燕京岁时记》)

放年学:私塾封印放学,至明年开印上学;专馆则除夕、上元各放数日而已。(《春明采风志》)

下旬射草狗

岁十二月下旬,于西镇国寺内墙下,洒扫平地,束秆草为人形一,为狗一,剪杂色彩段为之肠胃,选达官世家之贵重者交射之,至糜烂,以羊酒祭焉。祭毕,帝后及太子嫔妃并射者,各解所服衣,俾蒙古巫觋祝赞。赞毕,遂以与之,名曰"脱灾",国俗谓之"射草狗"。(《元史·祭祀志》)

彭蕴章《幽州土风吟·射草狗》云:"束草秆,射草狗;草狗烂,祭羊酒。围场纷纷祈脱灾,可惜健儿好身手。南山有貘,北山有熊,尔何不弯百石弓?一发长啸生雄风。墙边草狗射何用?玉勒珠鞭成一哄。"(《松风阁诗钞》)

二十三祀灶

京师居民祀灶，犹仍旧俗，禁妇女主祭。家无男子，或迎邻里代焉。其祀期用二十三日，惟南省客户则用二十四日，为刘侗所称也。（《日下旧闻考》）

岁除祀灶，南北俗无不用糖，又加糯米团子，大小户皆然，云以之粘灶神口，则不于玉皇前言人罪恶。（《食味杂咏》注）

北平俗曲云："腊月二十三，呀呀哟，家家祭灶，送神上天，祭的是人间善恶言。一张方桌搁在灶前，阡张元宝挂在两边。滚茶凉水，草料俱全。糖果子糖饼子，正素两盘。当家人跪倒，手举着香烟，一不求富贵，二不求吃穿；好事儿替我多说，恶事儿替我隐瞒。"（《霓裳续谱》）

彭蕴章《幽州土风吟·焚灶马》云："焚灶马，送紫官，辛甘臭辣君莫言，但言小人尘生釜，突无烟，上乞天公怜。天公怜，锡纯嘏，燔熊豢豹充庖厨，黑豆年年饲君马。"（《松风阁诗钞》）

二十三日，人家市肆祀灶，谓之"祭灶"。以胶牙糯米糖，谓之"关东糖"，胡麻糖片、胡麻条及糯米细糖、梨糕等糖，总谓之"南糖"，又糖瓜、糖饼等糖为献，方圆形相，殊多品目。是日晚间，于供桌设灶神纸像，或有二像者，谓之张灶、李灶，其一又曰烧灶。祭时男子先拜，妇女次之，谚云："男不拜月，女不祭灶。"盖灶神为一家之主，故以家长先拜，亦礼之宜也。祭毕，焚像于燎炉，或以所供之豆投于炉中，次晨觅豆食之，或云可祛牙痛。自此，街坊货物云屯，商贾辐辏尤胜。中旬，人家换桃符、门神、钟馗、福禄天官、和合及新样字画诸图。春联、春帖、挂钱等物，粘贴于门楣庭壁间。无论天街僻巷，皆点染年华，光饰门户。僧道作交年疏，异品素食，以送施主。医家制益人药物，以送常所往来者。富室亲友，竞相厚馈。（《京都风俗志》）

二十三日祭灶，古用黄羊，近闻内廷尚用之，民间不见用也。民间祭灶，惟用南糖、关东糖、糖饼及清水草豆而已。糖者所以祀神也，清水草豆者所以祀神马也。祭毕之后，将神像揭下，与千张、元宝等，一并焚之。至除夕接神时，再行供奉。是日鞭炮极多，俗谓之"小年下"。（《燕京岁时记》）

十二月初八日，寺观、人家煮腊八粥。二十三日送

灶，供饧。是日贴对联门神，岁暮上冢辞岁。(《天咫偶闻》)

祭灶：二十三日夕，禁妇女，以糖瓜、南糖、关东糖供神，以草节、料豆、清水供马。初更后揭神像，焚钱粮，燃爆竹，送神上天也。癸卯，是日夜归，行见家家院中一亮送圣也。因有句云："刍豆才陈爆竹飞，家家庭院弄辉辉；灶王一望攒眉去，又比昨秋糖更稀。"以慨风景萧条也。(《春明采风志》)

北平俗曲《门神灶王诉功》云："年年有个家家忙，二十三日祭灶王。当中摆上一桌供，两边配上两碟糖。黑豆干草一碗水，炉内焚上一股香。当家的过来忙祝赞，祝赞那灶王老爷降了吉祥。"(《故宫藏钞本大鼓书》)

旧都祀灶，每于岁腊二十三、二十四、二十五等日行之。其供品则惟一以糖为主，而"灶糖"则为专用之名词。其糖之形式，如瓜如藕，其质脆而不粘，为食物店临时之营业。自旧历十二月望后，陈肆售卖。逾二十五，则无人问价矣。(《旧都文物略》)

二十四送灶神

京师旧俗,岁终二十四日谓诸神上界,其夜家人设祭,遣奠致词,且有遏恶扬善之属。(《秋涧集》)

燕俗,图灶神锓于木,以纸印之,曰"灶马",士民竞鬻,以腊月二十四日焚之,为送灶上天。别具小糖饼奉灶君,具黑豆寸草为秣马具,合家少长罗拜,祝曰:"辛甘臭辣,灶君莫言。"至次年元旦又具如前,为迎灶。(《月令广义》)

二十四日,以糖剂饼、黍糕、枣、栗、胡桃、炒豆祀灶君,以槽草秣灶君马,谓灶君翌日朝天去,白家间一岁事。祝曰:"好多说,不好少说。"《记》称"灶,老妇之祭",今男子祭,禁不令妇女见之。祀余糖果,禁幼女不得令啖,曰啖灶余,则食肥腻时口圈黑也。(《帝京景物略》)

二十四以后设灯

十二月二十四日,乾清宫廷前设万寿灯,八仙望子四架。二十六日,各宫殿俱挂门神对联。二十八日,宫中及甬道东西两廊,设五色羊角灯,此岁例也。(《人海记》)

二十五接玉皇

二十五日五更,焚香楮,接玉皇,曰玉皇下查人间也,竟此日无妇妪詈声。(《帝京景物略》)

除夕前宫门挂对

禁中岁除,各宫门改易春联,及安放绢画钟馗神像,像以三尺长素木小屏装之,缀铜环悬挂,最为精雅。先数日各宫颁钟馗神于诸皇亲家,并品方荤素卓槛,皇亲家矜其天宠,又分饷京朝贵官,贵官之家,招诸名士赏宴赋诗,太平相乐,长安之春满千万户矣。凡卓槛中果子仁及榛栗之类,皆以茜染之,色如浓桃,用羊脊筋去膏如管,捣灌肉泥,层叠堆放,颇费庖人之手焉。(《旧京遗事》)

国朝向例,除夕前数日,工部堂官,委司员满汉二人,进大内照料悬挂对联,其对皆系白绫白绢,多半楷书,挂用铜丝,拴紧于上。(《水曹清暇录》)

小除别岁

先除夕一日曰小除,人家置酒宴,往来交谒,曰

"别岁"。焚香于户外，曰"天香"，凡三日止。帖"宜春"字，小儿女写"好"字。（《北京岁华记》）

岁除锻磨斋

都下寺院，每用岁除锻磨，是曰作锻磨斋。（《僧园逸记》）

三十守岁

《长安守岁》诗："长安万户夜生烟，子夜便称是岁前。喜起拜稽占凤阙，文明垂象在龙田。梅花陡放疑催腊，柏酒停斟欲待年。报说庭燎光烛斗，趋跄恐后不成眠。"（《燕游吟》）

三十日，五更又焚香楮送迎，送玉皇上界矣，迎新灶君下界矣。插芝麻秸于门帘窗台，曰藏鬼秸中，不令出也。门窗贴红纸葫芦，曰收瘟鬼。夜以松柏枝杂柴燎院中，曰烧松盆，妪岁也。悬先亡影像，祀以狮仙斗糖、麻花、馓枝，染五色苇架竹罩，陈之家，长幼毕拜，已，各自拜，曰"辞岁"。已，丛坐食饮，曰"守岁"。（《帝京景物略》）

王崇简《守岁》诗："夜久怜春逼，开樽不欲眠。今宵尚今岁，明日即明年。万古推迁夕，千门宴乐天。爆声听不断，远近凤城边。"（《青箱堂诗集》）

二十四日祀灶，与古礼祀于夏者不同。三十日，悬先亡像，染五色苇，架麻花、徽枝，编竹罩诸果以祀，长幼毕拜，诣诸尊长家拜之，曰"辞岁"。立桃符，贴春联、门神、挂钱，插芝麻秸，燃松枝于庭，薰苍术于室。撤祀先之余，阖家饮食之，曰"守岁"，爆竹声达旦。（《康熙宛平县志》）

除夕煜岁

明丘瑜《长安·除夕》诗："帝城团鼓迎年急，邻院松盆煜岁明。"（见《麓㴩荟录》）

宫中除夕，以门橛跌地，名"跌千金"，百合柿饼钉盘，名"百事大吉盘"，燃火照耗，又焚柏枝，名"煜岁"。（《燕都杂咏》注）

岁杪放纸鸢

岁杪，儿童始放纸鸢，至来春清明乃止。（《燕京杂记》）

287

除夕写春联

"国恩家庆写春联,纶綍醍醐几万千。近日这般都渐少,干支冠首换年年。"(《都门竹枝词》)

《道光都门杂咏·春联》云:"市廛春对作来工,号记编头到处同。未解摛词征本色,聊将字样写兴隆。"

《道光都门杂咏·写字棚》云:"体非唐汉又非颜,劣态涂来力太孱。茶馆酒楼糊白壁,对联尽是马蓬山。"(《道光都门纪略》)

《书春》诗:"教书先生腊月时,书春报贴日临池。要知'借纸'原虚语,只为些许润笔资。"(《光绪都门纪略·时尚》)

京官家每岁易桃符,多书"天恩春浩荡,文治日光华"十字,内城满洲宅子,尤比户皆然。(《郎潜纪闻》)

"街门对,屋门对,买横皮,饶福字。"注云:"木红纸,万年红,裁写现成各对联,在各城门脸里外卖,四个大钱一付。"(《一岁货声·腊月》)

春联者，即桃符也。自入腊以后，即有文人墨客，在市肆檐下，书写春联，以图润笔。祭灶之后，则渐次粘挂，千门万户，焕然一新。或用朱笺，或用红纸，惟内廷及宗室王公等例用白纸，缘以红边蓝边，非宗室者不得擅用。(《燕京岁时记》)

刘景晨题《旧都生活画·书春者》诗："春帖元来照样誊，今冬纸价却微增。还须搁笔思何事，代写家书我亦能。"(《北晨画报》)

摆对摊：塾师学长，多卖对联者，预先贴报"书春墨庄""借纸学书""点染年华"等语于铺肆前，高桌红毡，炭盆墨盏，纵笔大书，门联横披，抱柱斗方，春条佛对一切。大冻十天，未必剩钱。秀远峰、文兴斋之稍有名者，则纸多早送，入腊忙起。联纸旧用顺红、梅红、朱笺、擦油土笺、木红、万年红纸，内廷白宣镶边，庙宇黄纸。(《春明采风志》)

除夕压岁钱

《燕都杂咏》："油花窗纸换，扫舍又新年。户写宜春字，囊分压岁钱。"注云："纸绘人物，油之，剪

贴窗上，名'窗花'。或以阳起石揭薄片，绘花为之。家家换春联，除夕，小儿女分压岁钱。"（见《都城琐记》）

以彩绳穿钱，编作龙形，置于床脚，谓之"压岁钱"；尊长之赐小儿者，亦谓之"压岁钱"。（《燕京岁时记》）

压岁钱：以红绳穿钱作龙形，置于床脚。又凡尊长赐小儿者，亦谓之压岁钱。各钱铺年终特开红纸零票，以备此用也。（《春明采风志》）

除夕瓢儿卜

除夕，以瓢置釜中，视柄所向，往听人言，以卜吉凶，名"瓢儿卜"。又有"走过三桥，百病全消"之谚。摸城门钉为宜男。（《燕都杂咏》注）

除夕讨账

《除夕》云："爆竹千声岁又终，持灯讨账各西东。五更漏尽衣裳换，贺喜拈香倩侍童。"（《都门杂咏·节令》）

又《搪账》云："神纸黄钱凤尾鞭，置来鱼肉共干鲜。夜深不管浑闲事，检点衣裳且过年。"（《都门杂咏·时尚》）

岁暮打莽式

本朝岁暮将祭享，选内大臣打莽式，例演习于礼曹，其气象发扬蹈厉，盖公廷万舞之变态也。王公贵戚，于新正竞引之，以相戏乐。其态婉娈柔媚，或令妇女为之，此又莽式之一变耳。（《郎潜纪闻》）

除夕踩岁

"赛白玉的关东糖，松木枝，芝麻秸。"注云："祭神踩岁用之。"（《一岁货声·腊月》）

除夕自户庭以至大门，凡行走之处，遍以芝麻秸撒之，谓之"踩岁"。（《燕京岁时记》）

踩岁：除夕自户庭至街门，行处遍撒芝麻秸，踏之有声，谓之踩岁。（《春明采风志》）

除夕先熟果

"荸荠果。"注云："闻早年必于除夕晚间，先卖此果，仅卖初间数日，然后待夏才卖，谓之'先熟果'，盖取'必齐'之义。夏令以三寸矮廓桶盛水，生熟两样分卖。"（《一岁货声·除夕》）

除夕接神

除夕，人家或有祀先，或焚冥钱。早晨，官府有谒上司之仪，谓之"拜官年"。都人不论贫富，俱多市食物。晚间铺肆，灯火烛天，烂如星布，游人接踵，欢声满道。人家盛新饭于盆锅中以储之，谓之"年饭"。上签柏枝、柿饼、龙眼、荔枝、枣、栗，谓之"年饭果"，配金箔元宝以饰之。家庭举燕，少长欢喜，儿女终夜博戏玩耍。妇女治酒食，其刀坫之声，远近相闻。门户不闭，鸡犬相安。或有往亲友家拜贺者，谓之"辞岁"。夜静更深，则爆竹之声渐起，是即接神者，而升平之世，于斯可见其概也。（《京都风俗志》）

京师谓除夕为"三十晚上"。是日清晨，皇上升殿受贺，庶僚叩谒本管，谓之"拜官年"。世胄之家致祭宗祠，悬挂影像。黄昏之后，合家团坐以度岁。酒浆罗列，灯烛辉煌，妇女儿童皆掷骰斗叶以为乐。及亥子之际，天愈黑，鞭炮益繁，列案焚香，接神下界。合衣少卧，已至来朝。旭日当窗，爆竹在耳，家人叩贺，喜气盈庭，转瞬之间，又逢新岁矣。

除夕，接神以后，即为新年。于初次出房时，必迎喜神而拜之。（《燕京岁时记》）

除夕，上升殿受贺，庶僚叩诸本管，为拜官年。世家祭宗祠。悬影，家家佛前神主上供，守夜接香，儿童呼卢斗叶，分岁叙礼，饮酒，子时接神。门前货声，粥、酪、馒首、硬面饽饽、馄饨、慈菇、荸荠、萝卜、糖壶卢车、干果子挑至。交拜年，铺户索账，行人灯笼一夜不断。（《春明采风志》）

除夕元旦风景，凡繁盛处所，大略相同。除夕之日，街市商店，交易辄至天明。游者，采办年货者，至是更拥挤。及夜，寺庙之礼神者，车马往来，几不能过，而乞丐之集于道旁者尤夥。至买卖之盛者，为香烛店，年画铺，风筝纸鸢店，玩物摊。其他如茶食店，广货铺，杂货铺，茶叶店，首饰店，典质铺，人亦拥挤。惟戏园则先数日而已辍演。时至中夜，多爆竹声，盖比户已迎灶君下界矣。（《清稗类钞》）

除夕天地桌

每届除夕，列长案于中庭，供以百分。百分者，乃诸天神圣之全图也。百分之前，陈设蜜供一层，平果、干果、馒头、素菜、年糕各一层，谓之"全供"。供上签以通草八仙及石榴元宝等，谓之"供佛花"。及接神时，将百分焚化，接递烧香，至灯节而止，谓之"天地桌"。（《燕京岁时记》）

人家元日陈几于庭上，列素肴干果之属，名天地桌，或五日而撤，或半月始撤，内城家家如是，不知何所起，或即辽金拜天礼欤？（《天咫偶闻》）

天地桌：除夕，中庭列案供百分，诸天神圣全图也。前设蜜供，平果、干果、馒首、素菜、年糕各一层，谓之"全供"。上签以通草八仙及石榴元宝等，谓之供佛花。接神时，焚化百分，接递烧香至灯节止，谓之"天地桌"。（《春明采风志》）

除夕辞岁

凡除夕，蟒袍补褂，走谒亲友者，谓之"辞岁"。家人叩谒尊长，亦曰"辞岁"。新婚者必至岳家辞岁，

否则为不恭。(《燕京岁时记》)

辞岁：凡除夕，蟒袍补褂走谒亲友者，为辞岁。家人叩谒尊长亦然，新婚者必至岳家，否为不恭也。(《春明采风志》)

除夕挂千

挂千者，用吉祥语镌于红纸之上，长尺有咫，粘之门前，与桃符相辉映。其上有八仙人物者，乃佛前所悬也。是物民户多用之，世家大族鲜用之者。其黄纸长三寸，红纸长寸余者，曰小挂千，乃市肆所用也。(《燕京岁时记》)

挂千一作挂钱，吉语镌红纸尺余，门前贴之；上有八仙人物者，佛前用也；其黄纸三寸、红纸寸余者为小挂千，黄纸倒印西字者为倒酉儿，皆市肆用也。(《春明采风志》)

除夕藏香

所谓藏香，乃西藏所制，其味浓厚，得沉檀芸降之全。每届岁除，府第朱门焚之彻夜，檐牙屋角，触鼻芬

芳，真香中之富贵者也。（《燕京岁时记》）

除夕红票儿

钱肆取钱之帖，谓之票子。每届岁除，凡富贵之家以银易钱者，皆用彩笺书写，谓之"红票儿"。亦取其华美吉祥之意。（《燕京岁时记》）

除夕摇钱树

取松柏枝之大者，插于瓶中，缀以古钱、元宝、石榴花等，谓之"摇钱树"。（《燕京岁时记》）

除夕年饭

年饭：用金银米置黑瓷盆中，上插松枝挂钱，下着年果、枣、栗、龙眼、荔枝、柿饼之类，供于堂上，破五始撤。（《春明采风志》）

征引书目

《松漠纪闻》（洪皓/《学津讨原》本）
《使辽录》（张舜民/《说郛》本）
《秋涧集》（王恽/《四部丛刊》本）
《燕石集》（宋褧）
《研北杂志》（陆方/《宝颜堂秘笈》本）
《秋宜集》（揭傒斯）
《萨天锡诗集》（萨都拉/四部丛刊本）
《辽史》（脱脱等/百衲本）
《金史》（脱脱等/同前）
《圭斋集》（欧阳玄/四部丛刊本）
《燕北杂记》（武珪/说郛本）
《元史》（宋濂/百衲本）
《析津志》（《永乐大典》本）
《元氏掖庭记》（陶宗仪/《续百川学海》本）
《暖姝由笔》（徐充/《粟香室丛书》本）

《寓圃杂记》（王琦/《明人小说》本）

《燕都游览志》（孙国敉/《日下旧闻》引）

《彭文宪公笔记》（彭时/《说库》本）

《菽园杂记》（陆容/《墨海金壶》本）

《孤树裒谈》（赵可与）

《匏翁家藏集》（吴宽/《四部丛刊》本）

《帝京岁时纪胜》（《日下旧闻》引）

《辛斋诗话》（陆嘉淑）

《周恭肃集》（周用）

《何大复先生集》（何景明/群碧楼藏明刊本）

《江峰漫稿》（吕高/京口余迎等刊本）

《学圃余疏》（王世懋/《宝颜堂祕笈》本）

《慎修堂全集》（亢思谦/万历甲辰刻本）

《七修类稿》（郎瑛/翰墨园重刊本）

《复宿山房全集》（王家屏/民治学社本）

《识小编》（周宾所/《五朝小说大观》本）

《野获编》（沈德符/扶荔山房本）

《五杂俎》（谢肇淛/北平图书馆藏明刊本）

《宛署杂记》（沈榜/《日下旧闻》引《帝京景物略》序作"戚伯坚著"）

《长安客话》（蒋一葵/八千卷楼藏明刊本/《景物略序》作"沈榜著"，非）

《闻史掇遗》（赵以焜）

《月令广义》（冯应京）

《僧园逸记》

《瓶花斋集》（袁宏道／袁氏书种堂本）

《北京岁华记》（陆启浤／《日下旧闻》引）

《客座赘语》（顾起元／《金陵丛刊》本）

《蟋蟀轩草》（刘士骥）

《光禄寺志》（徐必达）

《戒庵漫笔》（李翊／《常州先哲遗书》本）

《花王阁剩稿》（纪坤／阅微草堂刻本）

《燕游吟》（陈应元）

《峤雅集》（邝露／海雪堂本）

《松石斋文集》（赵用贤／承启堂重刊本）

《天愚山人诗集》（谢泰宗／灵蕤馆刊本）

《酌中志》（刘若愚／海山仙馆丛书本／又名《芜史》，或名《明宫史》）

《帝京景物略》（刘侗等／崇祯八年刻本）

《琐谭》（高任重）

《文饭小品》（王思任）

《玉堂荟记》（杨士聪／《借月山房汇钞》本）

《余氏辨林》

《心远堂遗集》（王永积／康熙刻本）

《天启宫词》（秦征兰／《酌中志余》本／原题陈悰著，依朱竹垞改）

《天启宫词》（蒋之翘）

《初学集》（钱谦益／钱曾笺注本）

《旧京遗事》（史玄／天津广告公司排印本／《石臼集》作"《旧京风物记》"）

《烬宫遗录》（《适园丛书》本）

《寄园寄所寄》（赵吉士／《香艳丛书》本）

《梅村家藏稿》（吴伟业／诵芬堂刊本）

《东谷集》（白胤谦／家刻本）

《青箱堂诗集》（王崇简／宋琬定本）

《栖云阁诗》（高珩／畏天斋本）

《茗斋集》（彭孙贻／《四部丛刊》本）

《定峰乐府》（沙张白／曹禾评本）

《定山堂全集》（龚鼎孳／听彝书屋重刊本）

《横云山人集》（王鸿绪／康熙十年刻本）

《陈检讨集》（陈维崧）

《汪钝翁全集》（汪琬／燕耀堂本）

《七颂堂诗集》（刘体仁／同治丙寅重刊本）

《隩志》（张远）

《莼渔词话》（钱芳标）

《愚山先生诗集》（施闰章／曹栋亭本）

《城北集》（高士奇／《清吟堂全集》本）

《佳山堂诗集》（冯溥／朱士儒刻本）

《毛西河集》（毛奇龄／《西河全集》本）

《人海记》（查慎行/《昭代丛书》本）
《敬业堂集》（查慎行/《四部丛刊》本）
《查浦辑闻》（查嗣瑮）
《渔洋诗集》（王士禛/《渔洋三十六种》本）
《居易录》（王士禛/同前）
《香祖笔记》（王士禛/同前）
《康熙大兴县志》（张茂节钞本）
《万青阁自订诗》（赵吉士/牧爱堂本）
《托素斋诗集》（黎士弘/龙山书院刻本）
《芝瑞堂诗选》（吴升东）
《俄使臣晋京日记》（义兹柏阿朗特义迭思/俄文馆译本）
《咏归录》（查容）
《渌水亭杂识》（纳兰成德/《昭代丛书》本）
《析津日记》（周篔）
《康熙宛平县志》（张茂节钞本）
《觚剩》（钮琇/《说铃》本）
《言鲭》（吕种玉/同前）
《在园杂志》（刘廷玑/《申报》馆排印本）
《紫幢轩集》（文昭）
《京师偶记》（柴桑/《舆地丛书》本）
《燕京杂记》（同前）
《以学集》（谢济世/《梅庄杂著》本）

《香树斋诗集》（钱陈群/光绪甲午刻本）

《松泉诗文集》（汪由敦/家刻本）

《忠雅堂诗集》（蒋士铨/扬州重刻本）

《上书房消寒诗录》（叶观国等）

《瓯北诗钞》（赵翼/《瓯北全集》本）

《檐曝杂记》（赵翼/《云崧七种》本）

《宸垣识略》（吴长元/文英堂本）

《有正味斋日记》（吴锡麒）

《食味杂咏》（谢墉/扬州阮氏刻本）

《水曹清暇录》（汪启淑/日本刊本）

《霓裳续谱》（王廷绍/木刻本）

《通俗编》（翟灏/《函海》本）

《海南日抄》（张眉大）

《春明丛说》（俞蛟/《梦厂杂著》本）

《白雪遗音》（华广生/开明书店选本）

《京都竹枝词》（得硕亭/嘉庆刻本/又名《草珠一串》）

《晒书堂诗钞》（郝懿行/《郝氏遗书》本）

《晒书堂外集》（郝懿行/同前）

《晒书堂笔录》（郝懿行/同前）

《藤阴杂记》（戴璐/光绪三年重刊本）

《松心诗集》（张维屏/《张南山全集》本）

《养正书屋全集》（清宣宗/道光三年刻本）

《金台残泪记》（张际亮）
《松风阁诗钞》（彭蕴章/《彭文敬公全集》本）
《京尘杂录》（杨懋建/同文书局石印本）
《道光都门纪略》（杨静亭）
《金台游学草》（方朔/《枕经堂全集》本）
《金吾事例》（多罗定郡王）
《燕都杂咏》（樊彬）
《蝶阶外史》（张培仁/《笔记小说大观》本）
《麓濛荟录》（蒋超伯/同治丙寅刻本）
《望江南词》（来秀/钞本）
《同治都门纪略》
《都门杂咏》
《都门新竹枝词》（芝兰室主人）
《余墨偶谈》（孙桄）
《宣南杂俎》（艺兰生/《清代燕都梨园史料》本）
《自喜闻过斋诗稿》
《吾庐笔谈》（李佐贤/《石泉书屋全集》本）
《锄经书舍零墨》（黄协埙/《笔记小说大观》本）
《都门赘语》（韩又黎/光绪四年刊本）
《侧帽余谭》（艺兰生/《清代燕都梨园史料》本）

《郎潜纪闻》（陈康祺/光绪六年刊本）

《壬癸藏札记》（陈康祺/吴下雕本）

《望三益斋诗稿》（蒙古巴郎廉浦氏旌额记）

《虫鸣漫录》（采蘅子/《笔记小说大观》本）

《光绪顺天府志》（缪荃孙等）

《壶天录》（百一居士/《笔记小说大观》本）

《朝市丛载》（李虹若/光绪丙戌刻本）

《一岁货声》（蔡绳格/钞本）

《京都风俗志》（让廉/稿本）

《都门打油歌》

《金壶七墨》（黄钧宰）

严缁生《忆京都词》（严辰）

《都门琐记》（魏元旷/《潜园二十四种》本）

《都门怀旧记》（魏元旷/同前）

《京师地名对》（杏芬女士/家刻本）

《燕京岁时记》（富察敦崇/文德斋本）

《天咫偶闻》（曼殊震钧/甘棠转舍刊本）

《〈旧都生活画〉题诗》（刘景晨/《北晨画报》影印本）

《春明采风志》（沈太侔/《正风》半月刊本）

《京华百二竹枝词》（忧患生/《遇园杂著》之一）

《升平署曲本》（故宫藏钞本）

征引书目

《百本张曲本》（本所藏钞本/百年堂，宣统三年关张）

《新燕语》（雷震/《满清稗史》本）

《清代野记》（坐观老人/商务印书馆印本）

《梨园佳话》（王梦生/商务印书馆印本）

《续都门趣话》（大雷歠公/撷华印刷局本）

《东华琐录》（沈太侔/北洋广告公司印本）

《京兆地理志》（林传甲/中华印刷局本）

《清稗类钞》（徐珂/商务印书馆本）

《京华春梦录》（陈莲痕/广益书局铅印本）

《骨董琐记》（邓之诚/排印本）

《觉花寮杂记》（杨寿枏/朱墨印本）

《北平歌谣集》（李萨雪如/明社本）

《民社北平指南》（李炳卫等/民社本）

《大公报》（民国二十一年至二十五年）

《旧都文物略》（北平市政府/北平市政府印本）

《大华晚报》（民国二十五年）

《白云观庙市记》（王言一/《宇宙风》本）